CLV

Ruth I. Johnson

Agenten Gottes

CLV

Christliche
Literatur-Verbreitung e.V.
Postfach 110135 · 4800 Bielefeld 11

Postfach 110135 · 4800 Bielefeld 11
Umschlag: Dieter Otten, Bergneustadt
Druck und Bindung: Elsner Berlin

ISBN 3-89397-159-9

INHALTSVERZEICHNIS

EINFÜHRUNG

In diesem Buch findest du 16 Lebensbilder von Männern und Frauen, die Agenten Gottes waren. Agenten sind Menschen, die im Auftrag und Interesse eines anderen tätig sind. Die Menschen, von denen in diesem Band berichtet wird, hatten sich Gott ganz zur Verfügung gestellt und waren in seinem Auftrag tätig.

Voraussetzung für die Tätigkeit eines Agenten ist, daß er seinen Auftraggeber und dessen Ziele und Pläne genau kennt. Achte deshalb besonders darauf, wie diese Männer und Frauen ihrem Auftraggeber, Gott, begegneten und dann in ständiger Verbindung mit ihm lebten.

Bei der Schilderung des Lebens dieser Menschen erfährst du aber auch noch viele andere interessante Dinge: wo und wann der Betreffende geboren wurde, wer seine Eltern waren, wie das Kind aufwuchs, was im Leben des Erwachsenen alles geschah, was er dachte und welchen Auftrag er von Gott erhielt.

Diese Lebensbeschreibungen zeigen dir, daß es eine großartige Sache ist, mit Jesus zu leben und von ihm geführt zu werden. Du wirst aus diesen Lebensbildern viel lernen können. Diese Männer und Frauen sind Vorbilder, wie sie junge Menschen heute brauchen.

Der Herausgeber

David Livingstone

Forschungsreisender im Auftrag Gottes

David Livingstone wurde in Blantyre, Schottland, am 19. März 1813 in einer armen Familie geboren. Er hatte vier Geschwister – zwei Schwestern und zwei Brüder. Herr und Frau Livingstone lehrten ihre Kinder viel Gutes, vor allem aber erzogen sie sie zur Ehrlichkeit. „Sei immer ehrlich", sagte ihr Vater, „koste es, was es wolle!"

Im Alter von zehn Jahren begann David in einer Baumwollfabrik zu arbeiten. Damals gab es noch keinen Achtstundentag. David mußte früh um 6 Uhr anfangen und bis 8 Uhr abends arbeiten. Dann ging er noch bis 10 Uhr zum Unterricht, und wenn er nach Hause kam, saß er weitere zwei Stunden über seinen Büchern. Es war fast immer Mitternacht oder noch später, wenn er schließlich ins Bett ging. Lesen war seine große Leidenschaft. Er verschlang ein Buch nach dem andern. Manchmal überraschte ihn seine Mutter, wenn er bis zum Morgengrauen im Bett las.

Geliebte Erdkunde

Als David 16 Jahre alt war, las er die Geschichte von dem Chinamissionar Karl Gützlaff. Dadurch wurde in ihm der Wunsch wach, nach China zu gehen und den Menschen dort von Jesus zu sagen.

Nach neun Jahren harter Arbeit in der Baumwollfabrik wurde er befördert. Er bekam eine andere Arbeit zugeteilt und verdiente mehr Geld. Dadurch war er später in der Lage, eine medizinische Fachschule zu besuchen.

David Livingstone versuchte immer wieder, sich auf seine Arbeit zu konzentrieren, aber das war nicht so leicht. Meist hatte er ganz andere Dinge im Kopf. Er war nicht wie die meisten Jungen in seinem Alter. Vor allem Erdkunde begeisterte ihn. Damit beschäftigte er sich, sooft es eben möglich war. Wenn er von fremden Ländern las, stellte er sich vor, er sei dort und entdeckte unbekannte Gebiete der Erde, in die Gott ihn senden würde.

Unentdeckte Gebiete

Während dieser Zeit lernte David den großen Pioniermissionar Robert Moffat kennen. Als David mit Dr. Moffat sprach, zeigte ihm dieser auf der Landkarte ein noch unerforschtes Gebiet und sagte zu ihm: „Dort ist noch nie ein Missionar gewesen. Das ist dein Arbeitsfeld." Damals übergab David sein Leben völlig dem Herrn Jesus. Er erklärte sich bereit, für ihn in den „dunklen Kontinent" zu gehen.

Sofort begann er mit dem Studium. Er studierte Medizin, denn es wurde von jedem Missionar erwartet, daß er nicht nur das Evangelium predigen, sondern auch Kranke behandeln könne. Dann studierte er verschiedene Sprachen, weil er sich wie ein Soldat vorkam, der sich zum Krieg auf dem großen afrikanischen Schlachtfeld vorbereitet. Nach viel Arbeit und Mühe war er schließlich bereit zu fahren. Es war eine lange, ermüdende Reise. David verbrachte viel Zeit damit, den Leuten auf dem Schiff von Jesus zu sagen.

Jeden Sonntag predigte er den Seeleuten und erzählte ihnen von der Liebe Gottes.

Vorstoß ins Innere Afrikas

Nach drei Monaten erreichte David Livingstone schließlich sein Bestimmungsland Afrika. Endlich hatte er es geschafft und war am Ziel seiner Sehnsucht! Als er an der Küste des Schwarzen Erdteils ankam, blieb er nicht dort. Er reiste gleich mit dem Ochsenkarren über tausend Kilometer in das tiefste Innere des Landes. Die Ochsen gingen sehr langsam, und so dauerte die Reise mehr als zwei Monate.

David Livingstone hatte gehofft, bei seiner Ankunft Dr. Moffat und seine Frau zu treffen. Aber sie waren zu der Zeit noch in England. So beschloß David, die Sprache dieses Landesteils zu erlernen. Bald gewann er das Vertrauen der Eingeborenen. Durch seine harte Arbeit, seine Freundlichkeit und seine Fähigkeit, ihnen mit medizinischen Mitteln zu helfen, wenn sie krank waren, war er bald in der Lage, ihre Sprache zu sprechen. Während seines Aufenthalts wurde es ihm aber klar, daß dies nicht der Ort war, an dem Gott ihn haben wollte. Er meinte, noch weiter ins Innere vorstoßen zu sollen, in solche Gebiete, wo die Leute noch nie etwas von Jesus gehört hatten.

Bekehrung des Dorfhäuptlings

David Livingstone reiste weit im Land umher, um in den Dörfern zu predigen. Einmal machte er eine Reise von 160 Kilometern, um den Häuptling eines bestimmten Stammes zu besuchen. Als der Missionar von der Liebe Gottes zu allen Menschen sprach, fragte der Häuptling des Dorfes: „Wenn es wahr ist, daß alle Menschen, deren Sünden nicht vergeben sind, für immer verloren gehen, wenn sie sterben, warum sind dann deine Leute nicht eher gekommen, um uns das zu sagen?"

Livingstone wußte, daß jetzt Taten und nicht Worte zählten. Kurze Zeit danach wurde die Tochter des Häuptlings schwer krank. David Livingstone bemühte und sorgte sich um sie und gab ihr Medizin, so daß es ihr bald wieder besser ging. Der Häuptling war sehr glücklich darüber. Er hörte auf alles, was Livingstone von Jesus zu sagen hatte, und nahm den Herrn bald als seinen Heiland an. Dadurch wurde es Livingstone möglich, dem ganzen Stamm das Evangelium zu verkündigen.

Während David Livingstone im Innern Afrikas arbeitete, half er vielen Menschen, indem er ihnen zeigte, wie man einen Graben auswirft, auf den Feldern arbeitet und auch für die körperlichen Bedürfnisse sorgt. Er gab vielen Kranken Medizin, und manche Eingeborene liefen über 150 Kilometer, nur um von David Livingstone behandelt zu werden.

Vor einem Löwen gerettet

Ein großes Problem in diesem Dschungelgebiet Afrikas waren die Löwen. Sie fraßen oft das Vieh, das den Eingeborenen gehörte. Manchmal fielen sie auch Menschen an und töteten sie. Livingstone sah, daß etwas getan werden mußte. Er wußte, daß die Löwen das Gebiet meiden würden, wenn man nur ein paar von ihnen tötete.

Eines Tages, als er mit einigen eingeborenen Helfern durch den Dschungel marschierte, stießen sie auf einen Löwen. Livingstone nahm sein Gewehr, zielte scharf und schoß. In der Annahme, daß er das Tier getötet habe, ging er weiter. Aber nach ein paar Sekunden sprang der zornige Löwe plötzlich auf und wollte sich auf Livingstone stürzen. Die Eingeborenen, die ihn begleiteten, wußten, daß dies das Ende ihres freundlichen Missionars bedeuten würde. Deshalb schrien sie, so laut sie konnten. Der Löwe hörte die Schreie und sah sich um. Dann rannte er hinter den Eingeborenen her und ließ von Livingstone ab. Dieser hatte nun Zeit, ein zweites Mal zu schießen, und diesmal traf er den Löwen tödlich.

Der „donnernde Rauch"

Nachdem Livingstone zwei Jahre in Afrika gewesen war, stieß er noch weiter ins Innere des Kontinents vor. Noch nie hatte es ein Weißer gewagt, so weit in den Dschungel vorzudringen wie er. Aber damit war Livingstone noch nicht zufrieden. Er wollte unbekannte und unberührte Stämme erreichen und ihnen von der Liebe Jesu Christi erzählen. Als er eines Tages mit einigen Eingeborenen sprach, hörte er zum erstenmal von dem „donnernden Rauch". David war ein geborener Forscher und Entdecker. Deshalb wollte er herausfinden, was es damit auf sich habe. Er arbeitete sich zehn Tage ins Innere vor, bis er endlich ein gewaltiges Rauschen und Dröhnen hörte. Und dann sah er den „donnernden Rauch"! David Livingstone, der große Forschungsreisende im Auftrag Gottes, hatte eines der größten Wunder der Natur entdeckt, die donnernden, schäumenden Victoriafälle.

Verschollen

Jeden Tag wurde es Livingstone deutlicher bewußt, daß noch mehr Arbeit getan werden mußte, um zu helfen, das Evangelium auch solchen Stämmen zu bringen, die noch weiter landeinwärts wohnten, als er bisher gekommen war. Er wollte auch dahin gehen und ihnen, wie den anderen, von Jesus erzählen.

Eines Tages kam die Nachricht nach Amerika, David Livingstone, der große Missionar und Forscher, sei so tief in den Dschungel vorgedrungen, daß er verloren sei. Man hatte nichts mehr von ihm gehört und glaubte, er sei tot. Um diese Zeit rief James Gordon Bennet, der Herausgeber der Zeitung „New York Herald", einen jungen Reporter in sein Büro. Er beauftragte ihn, nach Afrika zu gehen, um David Livingstone zu suchen. Der junge Reporter, Henry Stanley, verließ seine Heimat und fuhr nach dem Schwarzen Erdteil. Nach vielem Suchen fand er den Missionar mit einem bösen Fieber im tiefen Dschungel. Stanley gab dem Missionar Nahrung und Medizin, und bald war Livingstone wieder gesund. Zusammen erforschten dann der Missionar und der Reporter noch weitere Gebiete Afrikas.

Heimgerufen

David Livingstone setzte seine Arbeit für Jesus fort. Am 1. Mai 1873, um 4 Uhr morgens, wurde er von seinem Herrn heimgerufen. 30 Jahre seines Lebens hatte er geopfert, um die heidnischen Stämme Afrikas zu erreichen. Einer der letzten Aussprüche Livingstones lautete: „Nichts auf dieser Erde soll mich dazu bringen, in Verzweiflung mein Werk aufzugeben. Ich fasse Mut in dem Herrn, meinem Gott, und schreite vorwärts."

Livingstones Männer blieben ihrem Herrn treu. Als er gestorben war, ließen sie ihn nicht liegen. Sorgsam trugen sie die Leiche zu einer Hütte abseits des

Dorfes, in dem Menschen lebten, die sich aus Aberglauben vor einem Toten fürchteten. Sie öffneten seinen Körper, nahmen sein Herz heraus und begruben es in dem Land, das Livingstone so sehr geliebt hatte.

Mary Slessor

Die weiße Mutter Afrikas

Mary Slessor wurde in Schottland geboren. Ihre Mutter war eine tapfere Christin, aber ihr Vater war ein Trinker. Er trank so viel, daß er manche gute Arbeitsstelle dadurch wieder verlor. Für die Mutter, Mary und die anderen sechs Kinder war das eine harte Zeit. Manchmal gingen sie hungrig zu Bett, weil der Vater seinen ganzen Lohn in Alkohol umgesetzt hatte.

Wegen der häuslichen Verhältnisse mußte Mary Slessor, als sie erst 11 Jahre alt war, aus dem Haus und Geld verdienen. Sie fand Arbeit in einer Weberei. Mit 14 Jahren war sie schon eine tüchtige Weberin.

Obwohl Mary den ganzen Tag schwer arbeiten mußte, wollte sie doch eine Ausbildung haben. So ging sie abends zur Schule. Sie las auch viele Bücher; die meisten erhielt sie aus der Bibliothek ihrer Sonntagsschule. Besonders liebte Mary die Geschichten von David Livingstone und seinen Erlebnissen in Afrika.

Ich möchte Missionarin werden

Schon als kleines Mädchen hatte Mary viel über Afrika nachgedacht. Sie wußte genau, daß es Gottes Wille war, sie als Missionarin nach Afrika zu senden. Eines Tages erzählte sie ihrer Mutter davon. Da Marys Mutter eine Beterin war, sagte sie zu ihrer Tochter,

Gott habe sie sicher dazu ausersehen, einmal ein großes Werk für ihn zu tun.

Eines Tages kam ein Afrika-Missionar und sprach in der Gemeinde, zu der Mary und ihre Mutter gehörten. Seine Botschaft bewegte Marys Herz. Nachdem sie sein Zeugnis gehört hatte, sagte sie: „Wenn ich groß bin, möchte ich Missionarin werden."

Etwa zu der Zeit begann Mary in einem verrufenen Viertel, in dem ziemlich heruntergekommene Leute wohnten, mit einer Sonntagsschularbeit. Manchmal kam sie nur mit Mühe und Not dorthin, weil sie unterwegs belästigt wurde. Wenn sie aber dort war, hatte sie das alles vergessen und erzählte ihren Jungen und Mädchen mit Freuden von Jesus.

Mary liebte diese Kinder sehr. Eines Tages erzählte sie ihnen, sie würde sie bald verlassen und als Missionarin nach Afrika gehen. Sie bat die Kinder, für sie zu beten. Das versprachen sie und zeigten viel Interesse für Afrika. Sie fragten, ob sie keine Angst vor Schlangen und anderen wilden Tieren habe. Mary sagte, sie fürchte sich nicht, Gott werde sie bewahren.

Reiseziel Afrika

Nicht lange danach bewarb sich Mary bei einer Missionsgesellschaft und wurde angenommen. Sie wurde zur besonderen Ausbildung, die drei Monate dauerte, in eine andere Stadt geschickt. Als sie sich zur Ausreise vorbereitete, fiel es ihr schwer, ihre Mutter und die Geschwister allein zu lassen. Aber Mutter Slessor sagte: „Ich lasse dich gern gehen; du wirst eine gute Missionarin werden, und ich bin gewiß, daß Gott mit dir sein wird."

Schließlich bestieg Mary ein Schiff und fuhr nach Afrika. Als sie sich auf dem Schiff umsah, entdeckte sie viele Fässer Whisky, die nach Afrika mitgenommen werden sollten. So viele Fässer Whisky auf dem Schiff, aber nur eine Missionarin, dachte Mary. Da sie aus einem Haus kam, in dem der Vater ein Trinker war, wußte Mary sehr gut, was das für die armen Afrikaner bedeuten würde. Ach, wie gern würde sie ihnen von Jesus erzählen!

Als Mary Slessor schließlich im Schwarzen Erdteil ankam, fand sie die Menschen tief in Sünden verstrickt. Die meisten hatten noch nie etwas davon gehört, daß Jesus als Retter der Menschen auf die Erde gekommen war. Deshalb war dieser Erdteil so dunkel, nicht weil die Haut der Menschen dunkel war.

Die weiße Mutter

Zunächst mußte Mary die Sprache der Eingeborenen lernen. Sie war ganz anders als ihre schottische Muttersprache. Als Mary die fremde Sprache einigermaßen beherrschte, organisierte sie eine Sonntagsschulklasse. Diese war auch anders als die, die sie in Schottland gehabt hatte – nicht nur, weil alle Kinder schwarz waren.

Von dem Land war Mary begeistert. Sie ging durch die Wälder und freute sich an dem grünen Gras. Aber sie stellte bald fest, daß es in Afrika auch viele böse Dinge gab. Im Dschungel und im Wasser lebten Tiere, die sie in Stücke reißen konnten. Aber sie hatte schon in Schottland in der Sonntagsschule immer gesagt, Gott würde auf sie achthaben. Er würde sie vor den wilden Tieren beschützen und auch vor Krankheit bewahren.

Mary wollte diesen Menschen irgendwie zeigen, daß sie sie liebte. Sie glaubte, es wäre am besten, genauso zu leben wie sie. Da sie keine Schuhe trugen, trug sie auch keine. Sie aß, was die Eingeborenen aßen, sie trank Wasser wie die Leute dort und schlief wie sie auf der Erde.

Jeden Morgen stand Mary früh auf, verließ ihr kleines Haus, nahm Medizin und ihre Bibel mit und besuchte die Leute. Wenn sie krank waren, versuchte sie, ihnen zu helfen. Und immer sprach sie mit ihnen von Jesus.

Allmählich fingen die Afrikaner auch an, Mary zu lieben. Viele von ihnen nannten sie ihre „weiße Mutter". Eines Tages, als sie mit ihnen redete, sagte einer der Männer zu ihr: „Weiße Mutter, geh nicht am Flußufer entlang, sonst wirst du plötzlich von den starken Kiefern und scharfen Zähnen eines Krokodils geschnappt." Mary freute sich, daß die Leute ihr helfen und sie beschützen wollten.

Auf nach Okoyong!

Bis zu dieser Zeit hatte Mary an einem Ort namens Duke Town gearbeitet. Aber jetzt wurde ihr klar, daß Gott sie nach einem anderen Dorf rief, nach Okoyong. Aber die Leute von Duke Town baten sie, nicht dorthin zu gehen; es sei ein schlimmer Ort. Die Menschen und auch die Tiere dort seien wild und gefährlich.

„Sie könnten dich gefangennehmen, und dann kannst du nie wieder zu uns kommen", sagten einige Freunde zu Mary. Andere meinten, die Leute von Okoyong würden nie auf sie hören. Aber Mary Slessor wußte, daß es Gottes Wille für sie war, dorthin zu gehen. Er würde sie auch dort beschützen; und er konnte auch die Leute umwandeln, daß sie zuhörten, wenn sie ihnen von Jesus erzählte.

Als der Häuptling von Duke Town merkte, daß

Mary entschlossen war, nach Okoyong zu gehen, gab er ihr ein Boot. Er schickte auch einige Männer mit, die das Boot stromaufwärts ruderten. Ohne Furcht fuhr Mary Slessor nach Okoyong. Dort erzählte sie den Eingeborenen, daß ihre Götzen nichts wert seien und daß es nur einen Gott gebe. Die Leute von Okoyong waren so erstaunt, Mary ohne Angst zu ihnen sprechen zu sehen, daß sie ihre Arbeit liegen ließen und Mary zuhörten.

Es war ein kriegerischer Stamm. Deshalb ermahnte Mary sie, sich nicht mehr gegenseitig zu bekämpfen und statt dessen auf das Wort Gottes zu hören. Sie las ihnen aus der Bibel vor. Bald hörten auch viele dieser grausamen Menschen auf alles, was Mary ihnen zu sagen hatte, und stellten ihre Kämpfe ein. Viele von ihnen glaubten an Marys Gott, indem sie Jesus in ihr Herz aufnahmen.

Mary stiftet Frieden

Mary scheute sich nicht vor schwerer Arbeit. Sie baute sich allein eine Hütte. Nach kurzer Zeit half sie den Leuten bei der Arbeit. Sie zeigte den Männern, wie man die Felder bearbeitet. Sie zeigte den Frauen, wie man hübsche Kleider näht und wäscht. Und allen schmeckte das Essen, das Mary für sie kochte.

Aber auch Mary hatte ihre Probleme. Eines Tages kam ein eingeborener Krieger in ihr Haus. Er hielt ein Gewehr in der Hand. Die „weiße Mutter" sagte ihm, er solle es weglegen, aber er weigerte sich. Blitzschnell nahm sie ihm das Gewehr aus der Hand und trug es in eine Ecke des Raumes. Der Mann war so überrascht, daß er wie ein geprügelter Hund aus dem Missionshaus davonschlich.

Ein anderes Mal, als Mary Slessor zu Hause war,

sah sie eine Gruppe Eingeborener den Dschungelpfad hinunterstürmen. Sie waren auf dem Wege, ein Nachbardorf anzugreifen.

„Halt!" rief Mary, lief hinaus und stellte sich ihnen in den Weg. Wieder waren die Leute sprachlos vor Staunen, und der Angriff auf das Dorf fand nicht statt.

Im dunklen Afrika gab und gibt es auch heute noch viel Aberglauben. Die Leute meinten, wenn eine Mutter Zwillinge habe, sei das vom Teufel. Eins der Kinder wird dann regelmäßig getötet. Eines Tages fand Mary ein Zwillingskind, das ausgesetzt worden war, um zu sterben. Sie nahm es mit in ihre Hütte und versorgte es. Nach einiger Zeit wurde ihr ein anderes Kind gebracht und noch eins und noch eins. Bald hatte Mary fünf Waisenkinder zu versorgen.

Von Dorf zu Dorf

Eine der engsten Freundinnen Marys war die Schwester des Häuptlings. Mary lernte viel von ihr. Die Leute gewannen allmählich ein solches Vertrauen zu der Missionarin, daß sie mit allen möglichen Problemen zu ihr kamen – selbst wenn es sich darum handelte, andere zu töten. Auch dann hörten sie auf Marys Rat.

Die britische Regierung erkannte die gute Arbeit, die Mary Slessor leistete. Die Afrikaner hatten mit der Zeit keine Lust mehr, einander umzubringen. Sie begannen, ein friedliches Leben zu führen. Marys beispielhaftes Christenleben hatte sie dazu geführt, den Kannibalismus* aufzugeben.

„Diese weiße Mutter ändert unser Leben", sagten die Leute von Okoyong, nachdem Mary Slessor eine

* Essen von Menschenfleisch

Zeitlang unter ihnen gelebt hatte. „Anstelle von Kriegsliedern singen wir nun christliche Lieder. Statt uns gegenseitig zu bekämpfen, lernen wir lesen."

Mary setzte ihre Arbeit unter den Leuten von Okoyong so lange fort, bis sie sah, daß viele von ihnen das Evangelium angenommen hatten. Dann zog sie in ein anderes Dorf im Dschungel. Dort traf sie wieder Wilde und erzählte auch diesen Leuten von Jesus. Sie blieb so lange dort, bis viele von ihnen zu Jesus gekommen waren. Dann ging sie in ein neues Dorf, wo viele Menschen lebten, die noch nie etwas von Jesus gehört hatten. So zog sie im Laufe der Zeit von einem Dorf zum andern und erzählte den Menschen von dem einen wahren Gott. Dabei gab sie Medizin aus, um die Kranken gesund zu machen.

Unter Gefahren

Als Mary Slessor eines Tages in ihrem Kanu fuhr, wurde sie plötzlich von einem riesigen Flußpferd angegriffen. Schnell nahm sie einige Töpfe und Pfannen aus dem Boot und schleuderte sie gegen das Tier. Daraufhin verschwand es bald in den Fluten, ohne der Missionarin etwas zuleide zu tun.

Gott wachte immer und überall über ihr und behütete sie. Er bewahrte sie vor hinterhältigen Eingeborenen und vor grausamen Kriegern. Er beschützte sie auch vor wilden Tieren.

Auf Heimaturlaub

Die Missionare, die in ein entferntes Land gehen, haben ab und zu Urlaub. So auch Mary Slessor. Sie kehrte nach Schottland zurück. Aber bevor sie wegfuhr, überlegte sie, was sie mit all den kleinen schwarzen Kindern tun sollte, die bei ihr lebten. Nach vielem Suchen fand sie für alle bis auf vier eine Familie. Trotz aller Bemühungen konnte sie diese vier nicht unterbringen. Deshalb beschloß Mary, sie mitzunehmen. Als sie in Schottland ankam, waren die Leute sehr überrascht, sie mit den kleinen schwarzen Kindern zu sehen. Sie konnten sich gar keinen Reim darauf machen; aber schnell gewannen sie diese Kinder lieb.

Nach ihrem Urlaub kehrte Mary Slessor nach Afrika zurück und nahm ihre Arbeit wieder auf. Sie lehrte die Leute die Bibel lesen; sie besuchte die Kranken; sie half ihnen, neue Gemeinden zu gründen.

Wo Mary gearbeitet hatte, wurden viele Afrikaner Christen. Schließlich mußte Mary nach Schottland schreiben, man solle einen Pastor für die schwarzen Christen schicken.

Nach vielen Jahren harter Arbeit wurde Mary Slessor sehr krank. Auf ihrem Sterbebett hatte sie eine gute Pflegerin. Es war eines der kleinen Zwillingskinder, das sie vor vielen Jahren vor dem Tod bewahrt hatte. Am 15. Januar 1914 starb Mary Slessor, um für immer bei dem Herrn Jesus zu sein.

Als die Eingeborenen hörten, daß ihre weiße Mutter zu Jesus in den Himmel gegangen war, waren sie zuerst sehr traurig. Sie wußten nicht, wie sie ohne sie auskommen sollten. Aber Mary Slessor hatte ihnen viel vom Herrn Jesus erzählt. Sie hatte ihnen geholfen, Christen zu werden und die Gottesdienste zu besuchen. Sie hatte ihnen auch das Lesen beigebracht. Deshalb konnten sie jetzt, da Mary nicht mehr bei ihnen war, in Gottes Wort lesen und noch mehr über Marys Heiland erfahren.

Diese afrikanischen Christen waren froh und dankbar für alles, was Mary Slessor für sie getan hatte.

Fanny Crosby
Die blinde Dichterin

Am 24. März 1820 wurde Frances Jane Crosby geboren. Ihre Eltern waren sehr arm. Bevor „Fanny”, wie sie immer genannt wurde, ein Jahr alt war, starb ihr Vater. Die Mutter mußte für die Familie sorgen.

Als Fanny sechs Jahre alt war, wurde sie sehr krank. Dadurch wurden ihre Augen schwach. Weil man damals noch nicht so viele Ärzte und Medizin hatte wie heute, führte die Krankheit zu ihrer Erblindung.

Als Fanny alt genug war, um es zu verstehen, erklärte ihr ihre Mutter, daß sie blind sei und nie würde sehen können. Sie sagte, Gott nehme manchmal eine Gabe weg, um eine bessere zu geben. Sie erzählte dem kleinen Mädchen von anderen blinden Menschen, von denen einige berühmt waren. Auf diese Weise wurde Fanny nie bitter über ihre Blindheit.

Als sie acht Jahre alt war, schrieb sie ihr erstes Gedicht. Es spricht von ihrer Blindheit:

„O wie glücklich bin ich doch, kann ich auch nicht sehn. Will ich doch in dieser Welt immer fröhlich gehn.
Wieviel Vorzug ich genieß, wissen andre Leute nicht. Weinen, seufzen, weil ich blind, das ist nichts für mich.”

Fannys Mutter wollte ihrem kleinen Mädchen helfen, soviel sie konnte. Sie wollte es oft mit nach draußen nehmen, um ihm zu sagen, wie alles aussah, aber das ging leider nicht. Weil der Vater der Familie nicht mehr lebte, mußte Fannys Mutter arbeiten. Deshalb konnte sie nicht soviel Zeit mit ihrem Töchterchen verbringen, wie sie es gern getan hätte.

Die treusorgende Großmutter

Fannys Großmutter wohnte mit im Haus, und sie beschloß, Fannys Augenlicht zu ersetzen, so gut sie konnte. Sie nahm Fanny auf den Schoß und erzählte ihr von der Sonne. Sie erklärte, wie die Sonne am Morgen aussah, wie am Mittag und wie am Abend, bevor sie unterging. Sie sprach zu Fanny über die schönen, flauschigen Wolken am Himmel und beschrieb ihr, wie sie ständig ihre Form und Farbe wechselten. Dann erzählte sie ihr von dem Mond und all den unzählbaren Sternen, die in dunkler Nacht am Himmel glitzerten und funkelten.

Eines Tages nahm die Großmutter Fanny nach einem Sturm mit auf einen Hügel. Dort erklärte und beschrieb sie den herrlichen Regenbogen. Sie sprach von den sieben Farben, die Gott in den Bogen hineingelegt hatte, und erzählte ihr, warum Gott den ersten Regenbogen in die Wolken gesetzt hatte.

Die Großmutter half Fanny auch, den Unterschied zwischen den einzelnen Vögeln und ihren Rufen zu erkennen. Zusammen gingen sie in die Wälder und lauschten dem Vogelgesang. Auch andere Laute und Geräusche lehrte Großmutter die Kleine verstehen.

Dann brachten die beiden viel Zeit damit zu, die Blumen zu studieren. Fanny konnte bald sagen, welche Blume sie in der Hand hielt, sobald sie sie nur berührte und daran roch. Gerade Blumen liebte sie ganz besonders.

Was aber das Beste von allem war – die Großmutter erzählte dem blinden Mädchen Geschichten aus der Bibel. Da Fanny nie die gewöhnliche Schrift lesen lernen konnte, las ihr die Großmutter vor, und Fanny lernte die Verse auswendig. Sie konnte viele Psalmen, die Sprüche und das ganze Buch Ruth auswendig hersagen. Sie wußte fast alle Geschichten des Alten Testaments und konnte sie gut erzählen. Deshalb konnte Fanny sagen: „Alles, was ich bin und was ich einmal sein werde, verdanke ich der Bibel." Viele ihrer ersten Gedichte hatten biblische Geschichten zum Thema.

Die Großmutter ermutigte Fanny, mit anderen Kindern zu spielen. Bald war sie in der Lage, fast alles mitzumachen, was die gesunden Kinder unternahmen. Sie kletterte auf Bäume, ritt auf einem Pferd und machte alle möglichen Spiele mit ihnen.

Am Blindeninstitut

Als Fanny 15 Jahre alt war, konnte sie zum Blindeninstitut nach New York gehen. Hier sollte sie 23 wunderschöne Jahre zubringen, zuerst als Schülerin, später als Lehrerin.

An dieser Schule schrieb Fanny weitere Gedichte. Lehrer und Freunde ermutigten sie dazu. Dann kam eines Tages ein Lehrer, der alle blinden Studenten prüfte. Als er zu Fanny Crosby kam, sagte er: „Hier ist eine Dichterin. Sie sollte auf alle erdenkliche Weise gefördert werden. Diese junge Dame wird noch von sich reden machen."

Natürlich war Fanny ganz aufgeregt, als sie das hörte. Sie hatte schon lange das Gefühl, daß das Schreiben von geistlichen Liedern ihre Lebensaufgabe sein würde. Sie brauchte nur jemand, der sie dazu ermunterte. Was der Lehrer gesagt hatte, war alles, was sie nötig hatte.

Ein junger Mann, Grover Cleveland, war der Leiter des Blindeninstituts, solange Fanny dort war. Als sie 16 Jahre alt war, half ihr Herr Cleveland, indem er alle ihre Gedichte für sie abschrieb. Wie glücklich war sie, als viele Jahre später Grover Cleveland Präsident der Vereinigten Staaten wurde!

Religiös – aber noch nicht errettet

Fanny besuchte oft die verschiedenen Kirchen von New York. Dort sagte sie auch ihre Gedichte auf. Das war immer ein besonderes Erlebnis für sie. Aber noch größer war die Überraschung, als sie eines Tages gebeten wurde, zum Kongreß nach Washington zu kommen. Hier wurden einige ihrer Gedichte vorgelesen. Als die hohen Regierungsbeamten im Kongreß diese Gedichte hörten, wischten sich viele die Tränen aus den Augen.

Die Folge dieses Besuches war, daß Fanny Crosby weitere Freundschaften schloß. Sie lernte mehrere Präsidenten der Vereinigten Staaten kennen, einige große Musiker und bekannte christliche Persönlichkeiten. Alle wurden ihre guten Freunde.

Obwohl Fanny immer sehr religiös gewesen war, nahm sie doch erst mit 31 Jahren den Herrn Jesus als ihren persönlichen Heiland an. Von diesem Tag an wurden ihre Gedichte noch inniger.

Neue Lieder

Als Fanny 38 Jahre alt war, lernte sie Alexander Van Alstyne kennen. Er war blind wie sie, sie lernte ihn im Blindeninstitut kennen. Er war Sänger und sang

Fanny oft schöne Lieder vor. Sie heirateten und lebten 44 Jahre glücklich zusammen. Dann starb Alexander Van Alstyne. Gott schenkte Fanny auch ein Kindchen, das aber nicht alt wurde. Es starb früh und ging zu Jesus. Damals schrieb Fanny eines ihrer bekanntesten Lieder: ‚Sicher in Jesu Armen'.

Nachdem Fanny 12 Jahre am Blindeninstitut studiert hatte, wurde sie gebeten, dort als Lehrerin mitzuarbeiten. Sie sagte zu und unterrichtete elf Jahre lang die Blinden.

Während dieser Zeit schrieb Fanny Crosby viele Gedichte. Sie wurde aber erst richtig berühmt, nachdem sie das Institut verlassen hatte.

Gott hatte Fanny ein ausgezeichnetes Gedächtnis gegeben. Es war dadurch geschult worden, daß sie schon als Kind so viele Bibelverse auswendig gelernt hatte. Als man sie eines Tages aufforderte, 40 Gedichte zu schreiben, zeigte sich ihr gutes Gedächtnis. Statt eins nach dem anderen niederzuschreiben, arbeitete sie erst jedes einzelne im Kopf aus. Danach schrieb sie alle 40 hintereinander auf.

Diese begabte Dichterin war immer beschäftigt. Wenn sie nicht schrieb, arbeitete sie in Gemeinden oder Missionen mit. Als Fanny eines Abends eine Gruppe Arbeiter in einem Missionsheim besuchte, sprach sie mit ihnen über Jesus und bemühte sich, ihnen klarzumachen, daß an dem Abend der Sohn einer Mutter anwesend sei, der jetzt errettet werden müsse oder für ewig verloren sein würde. Ein junger Mann, etwa 18 Jahre alt, kam nach vorn. Fanny Crosby betete mit ihm und führte ihn zum Herrn. In ihrem Zimmer fielen ihr am späten Abend die Worte des inzwischen so bekannt gewordenen Liedes ein „Suche vom Grabesrand Seelen zu retten". Am nächsten Morgen schrieb sie den Text nieder.

Eines der schönsten Lieder über die Hingabe an Jesus schrieb Fanny Crosby, nachdem sie mit Dr. Wm. H. Doane über die Nähe Gottes gesprochen hatte. Am Abend schrieb sie das Lied „Ich bin dein, o Herr".

Bekanntschaft mit Sankey

Ira D. Sankey, der Sänger bei den Moody-Erwekkungsfeldzügen, trug dazu bei, Fanny Crosbys Lieder bekanntzumachen, weil er sie oft in den Versammlungen sang. Er fand bald, daß das Lied „Seliges Wissen, Jesus ist mein" von den Gemeinden am liebsten gesungen wurde. Oft schloß er die Veranstaltung mit dem Lied „Gehe nicht vorbei, o Heiland", das ebenfalls Fanny Crosby gedichtet hatte.

Einige Zeit später, als Sankey krank wurde, verlor auch er sein Augenlicht. Fanny Crosby besuchte ihn dann oft und tröstete ihn. Zusammen sangen die beiden Blinden die schönen Lieder für den Herrn, welche die eine geschrieben, der andere um die Welt getragen hatte.

Eine der treuesten Freundinnen Fanny Crosbys war die blinde Helen Keller. Von ihr sagte Fanny: „Sie ist ein großes Geschenk an die Menschen unseres Jahrhunderts."

Wegen ihrer großen Liebe zu den Kindern bekam Fanny Crosby bald den Namen „Tante Fanny". So wurde sie von allen Kindern in der Nachbarschaft genannt. Sie machten ihre Spiele zusammen mit ihr, erzählten ihr von ihren kleinen Freuden und kamen auch zu ihr, wenn sie Kummer hatten und ließen sich trösten. Immer wieder sagten die Kinder: „Bitte, Tante Fanny, erzähle uns eine Geschichte." Darauf schrieb sie ein Lied, das in England und Amerika oft in Sonntagsschulen gesungen wird.

Fanny Crosby wußte etwas vom Jammer und Herzeleid in dieser Welt, aber sie hielt an einem ihrer Lieblingsverse der Bibel fest: „Er wird kein Gutes vorenthalten denen, die in Lauterkeit wandeln." Auch dieser Vers wurde der Anlaß zu einem bekannten Lied.

Ein langes Leben

Am Abend ihres 90. Geburtstages sprach Tante Fanny mit einer Gruppe von Freunden. Als sie gefragt wurde, welches das Geheimnis ihres langen Lebens sei, antwortete sie, daß sie allezeit drei Dinge bewahrt habe: ihr Temperament, ihren Geschmack und ihre Zunge.

Fast alle ihre Lieder dachte sie sich abends, wenn sie zu Hause war, sorgfältig aus. Am Morgen diktierte sie sie einer Stenotypistin, die sie niederschrieb.

Am 11. Februar 1915 diktierte Fanny Crosby einen Brief an eine Freundin, die gerade ihre Tochter verloren hatte. Sie ahnte nicht, daß dies ihr letzter Brief sein würde. Während der Nacht wurde Fanny zu Jesus heimgerufen. Lange bevor die Beerdigung begann, war die Kirche gefüllt. Geistliche, Liederdichter, Politiker, Staatsmänner, Jungen und Mädchen, alle Freunde Fannys, waren anwesend. Viele von ihren Liedern wurden gesungen, natürlich auch das Lied „Sicher in Jesu Armen".

Fanny Crosby hatte sich ein langes nützliches Leben gewünscht. Dieser Wunsch war in Erfüllung gegangen. Sie war 95 Jahre alt geworden. Heute noch werden Hunderte und Aberhunderte von ihren mehr als 8000 veröffentlichten Liedern gesungen, besonders natürlich in Amerika und England.

Dwight Lyman Moody

Der weltbekannte Evangelist

Dwight Lyman Moody wurde in Northfield, Massachusetts (USA), am 5. Februar 1837, dem Geburtstag seiner Mutter, geboren. Seine Mutter war eine feine Frau und übte einen guten Einfluß auf ihren Sohn aus, auch nachdem dieser schon in den Dienst Gottes getreten war.

Als Dwight Moody erst vier Jahre alt war, starb plötzlich sein Vater. Das war ein großer Schock für den kleinen Jungen. Er war an dem Tag in der Schule und mußte herausgerufen werden, um die schreckliche Nachricht zu hören, daß sein Vater gestorben sei. Herr Moody hinterließ sieben unversorgte Kinder; Dwight war das sechste. Einen Monat nach dem Tod von Dwights Vater brachte Frau Moody Zwillinge zur Welt. Jetzt waren es neun Kinder, für die sie zu sorgen hatte.

Als Frau Moody ihre Rechnungen nicht bezahlen konnte, kamen die Pfändungsbeamten und nahmen ihr alles weg, was sie besaß, sogar das Brennholz. Man kann sich vorstellen, daß jetzt harte Zeiten für die arme Frau Moody und ihre Kinder kamen. Ihr ältestes Kind war erst 13 Jahre alt, kaum groß genug, um arbeiten zu gehen. Es war sehr schwer für die Mutter, neun Kinder zu versorgen. Nachbarn rieten ihr, doch einige Kinder zur Adoption freizugeben, aber Frau Moody sagte, solange sie könne, wolle sie ihre Familie zusammenhalten.

Manchmal hatten sie nicht viel zu essen, aber sie hungerten auch nicht. Gott sorgte immer für sie. Einmal tobte draußen ein schwerer Schneesturm. Frau Moody hielt alle ihre Kinder so lange im Bett, bis es Zeit war, zur Schule zu gehen, denn es gab kein Brennholz, und im ganzen Haus war es sehr kalt.

Andere Dinge im Kopf

Dwight war ein freundlicher Junge, der voll lustiger Einfälle steckte. Obwohl seine Mutter eine sehr fromme Frau war, schien sich Dwight nicht so sehr für die Religion zu interessieren. Frau Moody las ihrer Familie täglich aus der Bibel und aus einem Andachtsbuch vor. Sonntags gingen sie alle zusammen zur Kirche. Trotzdem war es Dwight langweilig in der Kirche. Seine Mutter versuchte, ihn beten zu lehren, aber er sagte, er habe es versucht, und es „habe nicht geklappt". Deshalb verbrachte er nicht viel Zeit mit Beten.

Mutter Moody ermahnte ihre Kinder, daß man ein Versprechen unbedingt halten müsse. Wenn sie ein Versprechen gegeben hätten, dürften sie es niemals brechen.

Eines Tages gab Dwight eine Arbeit auf, die er zu tun versprochen hatte. Der Grund dafür war, daß er das Essen nicht mochte, das er dort bekam. Er sagte, es sei immer dasselbe. Als Frau Moody hörte, was ihr Sohn getan hatte, schickte sie ihn zurück, um die Arbeit fertig zu machen, denn sie sagte: „Du hast es versprochen, und was man versprochen hat, muß man auch halten!" Diese Lektion vergaß Moody sein Leben lang nicht.

Als Dwight älter wurde, sah er ein, wie wichtig eine gute Ausbildung war. Bis dahin hatte er nicht allzuviel Interesse an seinen Schulaufgaben gezeigt. Aber allmählich begann er, ernsthaft zu lernen.

Moodys Ziel: Großverdiener

Eines Tages war Dwight Moody im Wald und schlug Holz. Sein Bruder Edwin war bei ihm.

„Ich bin das jetzt leid", sagte Dwight. „Ich werde nicht länger hierbleiben. Ich suche mir irgendwo andere Arbeit."

Dwight hatte zwei Onkel, die in Boston ein Schuhgeschäft besaßen. Als er sie fragte, ob sie nicht eine Beschäftigung für ihn hätten, lehnten sie ab. Aber Dwight war nicht entmutigt. Er fuhr nach Clinton, Massachusetts. Dort fand er in einer Buchhandlung Arbeit. Er mußte Umschläge beschriften. Aber diese Arbeit gefiel ihm auch nicht; deshalb ging er bald wieder nach Boston, um nochmals mit seinen Onkeln zu sprechen. Er fragte sie, ob es wirklich nicht möglich sei, ihm eine Arbeit in ihrem Laden zu geben. Endlich willigten sie ein, ihn unter bestimmten Bedingungen zu nehmen. Er solle in dem Haus wohnen, das sie für ihn ausgesucht hatten, mit ihnen zur Kirche und Sonntagsschule gehen und versprechen, nicht zu trinken oder zu spielen. Dwight versprach alles. So wurde er schließlich als Laufbursche eingestellt.

Hier faßte Moody den Entschluß, ein erfolgreicher Geschäftsmann zu werden. Sein Ziel war es, 100.000 Dollar zu verdienen. Seine Freizeit verbrachte er damit, das Geschäft genauer kennenzulernen. Er machte sich mit den Preisen aller Waren vertraut. Nach kurzer Zeit stellten sein Onkel fest, daß er gute Arbeit leistete und machten ihn zu einem ihrer Verkäufer.

Da Dwight von zu Hause weg war, hatte er manchmal Heimweh und schrieb oft an seine Mutter in Northfield.

Wie Moody zum Herrn Jesus fand

Weil Dwight seinen Onkeln versprochen hatte, er würde zur Kirche und Sonntagsschule gehen, tat er das auch, langweilte sich aber furchtbar dabei.

In der Sonntagsschule kam er in eine Klasse, in der Edward Kimball Lehrer war. Eines Tages gab Kimball Dwight eine Bibel und sagte ihm, die Lektion, die sie besprechen wollten, stehe im Johannes-Evangelium. Moody nahm die Bibel und suchte im ganzen Alten Testament danach. Als das einige der anderen Schüler sahen, fingen sie an zu kichern und zu lachen. Aber der Lehrer nahm schnell die Bibel, schlug die Stelle auf und gab sie Dwight zurück. Von der Zeit an hatte Dwight die höchste Achtung vor seinem Sonntagsschullehrer, Herrn Kimball.

Kimball dachte, es sei gut, einmal mit Dwight zu sprechen, ob er nicht zu Jesus kommen wolle. Eines Tages ging er in das Schuhgeschäft, in dem Dwight arbeitete. Er ging in den hinteren Raum, in dem Dwight Schuhe einpackte.

Nachdem Kimball mit Dwight über die Liebe des Herrn Jesus und Gottes Erlösungsplan gesprochen hatte, nahm Dwight den Herrn auf der Stelle als seinen persönlichen Heiland an. Damals war er 18 Jahre alt. Zunächst stellte sich Dwight dem Gemeindevorstand vor und fragte, ob sie ihn als Mitglied in die Gemeinde aufnehmen wollten. Er war nur eine kurze Zeit in Kimballs Klasse gewesen; deshalb hatte er noch keine große Kenntnis vom Wort Gottes.

Als ihm die Herren Fragen aus der Bibel stellten,

konnte Dwight sie nicht beantworten. Alles, was er wußte, war, daß er Jesus Christus als seinen persönlichen Heiland angenommen hatte. So wurde er abgewiesen. Man sagte ihm, er solle noch mehr die Bibel lesen und später wiederkommen. Moody gehorchte, und danach wurde er angenommen. Das war im Mai 1856. Dwight hatte nie bittere Gedanken gegen den Gemeindevorstand, weil die Brüder ihn beim ersten Mal nicht angenommen hatten. Er sagte, sie hätten ganz recht gehabt, ihn abzuweisen; die Gemeinde müsse wissen, ob jemand wirklich wiedergeboren sei, bevor sie ihn aufnehme. Jetzt ging Dwight regelmäßig auch zu den Gebetsstunden am Freitagabend.

In Chicago

Moody gefiel es nicht mehr in Boston. Er wollte gern nach Chicago ziehen und schrieb seiner Mutter von seinem Vorhaben. Sie war zwar nicht so sehr dafür, aber sie vertraute Gott, daß er ihren Sohn führen würde. Dwight hatte ihr geschrieben, er wolle sein Leben in Gottes Dienst stellen, wenn ihn Gott nach Chicago brächte.

Nachdem Moody eine Woche in der großen Stadt allein gewesen war, schrieb er an seine Mutter: „Gestern abend ging ich in eine Gebetsversammlung, und sobald ich mich vorgestellt hatte, hatte ich Freunde ... Gott ist hier derselbe wie in Boston."

Da Dwight in Boston in einem Schuhladen gearbeitet hatte, bekam er auch bald Arbeit in einem Schuhgeschäft in Chicago. Wieder leistete Moody gute Arbeit. Bald war er in der Lage, nach Hause zu schreiben: „Seitdem ich hierher gekommen bin, habe ich jede Woche 30 Dollar verdient." Gott bereitete ihn auch für ein besonderes Werk vor.

Am ersten Sonntag, als Moody in Chicago war, besuchte er die „Erste Baptistenkirche". Dort traf er ein junges Mädchen, das später seine Frau wurde.

Als sich Moody umschaute, fand er, daß es in der Stadt viele junge Leute gab, die, wie er, von zu Hause weg und wahrscheinlich auch ein wenig einsam waren. So mietete Moody vier Bänke in der Gemeinde und lud diese jungen Männer ein, zu kommen und in diesen Bänken zu sitzen. Das war der Beginn eines besonderen Werkes von Dwight Lyman Moody.

Beginn der Sonntagsschularbeit

Es genügte Moody aber nicht, nur die Bänke zu mieten und sie mit Leuten von der Straße zu füllen. Er schloß sich bald dem Missionstrupp junger Männer an und besuchte am Sonntagmorgen Hotels und Pensionen, wo er Traktate verteilte und Leute zu den Gemeindestunden einlud. Eines Sonntagnachmittags ging Moody in eine kleine Kapelle der Stadtmission und bot sich an, eine Klasse ihrer Sonntagsschule zu übernehmen. Aber der Gemeindeleiter sagte, er habe schon zu viele Lehrer und nicht genug Schüler. Wenn er aber auf die Straße ginge und sich die Schüler selbst suche, könne er eine Klasse haben.

Am nächsten Sonntag kam Moody nachmittags zur Sonntagsschule. Ihm folgten 18 zerlumpte, schmutzige Kinder. Er setzte sich aber nicht hin und lehrte die Kinder, sondern übergab sie einem anderen Lehrer und ging wieder weg, um noch mehr Kinder zu suchen und herbeizuholen. Er war überzeugt, daß die anderen jungen Leute die Kinder besser unterrichten könnten als er.

In der Nordmarkthalle

Im Herbst 1858 begann Moody mit seiner eigenen Sonntagsschule in einem Raum, in dem vorher eine Kneipe gewesen war. Bald aber brauchte er ein größeres Gebäude. Als der Bürgermeister der Stadt sah, daß Moody versuchte, den Kindern zu helfen, gab er ihm ein Gebäude, das die „Nordmarkthalle" genannt wurde. Da dieses Gebäude samstags bis spät abends zum Tanzen, Trinken und Rauchen benutzt wurde, mußte Moody schon früh um 6 Uhr am Sonntagmorgen hingehen und die leeren Bierflaschen und Zigarrenstümpfe wegfegen und das Gebäude so herrichten, daß er darin Sonntagsschule halten konnte.

Nach kurzer Zeit begann Moody, auch Abendgottesdienste für die Jugend zu halten. Nachdem er sie zu Christus geführt hatte, lehrte er sie, den Herrn zu bekennen und von ihren Erfahrungen mit ihm Zeugnis zu geben. Er sagte ihnen auch, sie sollten Gottes Wort lesen. Als Moody fortfuhr, die Jungen zu unterrichten, bekamen auch einige der Eltern Interesse und kamen mit zu den Gottesdiensten.

Der neue Beruf

Nun erkannte Moody, daß er nicht länger im Geschäft arbeiten konnte. Er wollte sich ganz dem Werk des Herrn zur Verfügung stellen. Er wußte, daß das ein großes Opfer bedeutete, aber andererseits wurde es ihm klar, daß er nicht mehr auf diese Weise sein Geld verdienen sollte. In den letzten acht Monaten hatte Moody in seinem Geschäft 5000 Dollar verdient. Im ersten Jahr seines Dienstes als Evangelist bekam er nicht mehr als 300 Dollar. Manchmal, so erzählte er später, hieß das, mit Keks und Käse auszukommen und auf Bänken zu schlafen. Aber für seinen Herrn, Jesus Christus, nahm er das alles auf sich. Von dem Tage an wurde Moody einer der großen Arbeiter im Weinberg des Herrn.

Dwight L. Moody war ein guter Schuhverkäufer, ein guter Sonntagsschullehrer und ein guter Seelengewinner für den Herrn gewesen. Jetzt aber führte ihn Gott in die vollzeitliche Arbeit für Christus. Moody gab seinen Arbeitsplatz auf und verwandte all seine Zeit darauf, Menschen zum Herrn Jesus zu führen.

In den Sonntagabend-Gottesdiensten in der Nordmarkthalle nahmen Menschen Christus als ihren Heiland an. Nicht nur Kinder kamen, sondern auch Eltern. Nachdem sie den Herrn Jesus angenommen hatten, gab ihnen Moody den Rat, sich einer Gemeinde anzuschließen. Aber die meisten dieser Leute kamen aus sehr armen Familien und wollten nicht gern in einer großen, schönen Kirche sein. Daher entschloß sich Moody, ein Gebäude zu errichten, das als Kirche Verwendung finden und 1500 Leute fassen sollte. Dieses Gebäude wurde 1864 eingeweiht. Es entstand eine der lebendigsten Gemeinden in Chicago. Besondere Versammlungen für Männer, Jungen, Mädchen und Mütter wurden abgehalten. Es gab Bibelstunden, Lob- und Dankgottesdienste, Gebets- und Zeugnisstunden. Außer den Versammlungen in der Kirche trafen sich die Gemeindemitglieder in den Häusern zu Gebetsversammlungen. Auch Straßenversammlungen wurden abgehalten. Und Gott segnete Moodys Arbeit.

Der Mann an der Laterne

Trotz seiner vielen Dienste in der Kirche und Sonntagsschule hatte Moody immer noch Zeit, sich um einzelne zu kümmern. Eines Nachts, als er auf dem Heimweg war, sah er einen Mann, der sich an eine Laterne lehnte. Moody ging auf ihn zu und fragte ihn: „Mein Herr, sind Sie Christ?"

Der Mann wurde zornig und wollte Moody schlagen.

„Ach", sagte Moody, „es tut mir leid, wenn ich Sie beleidigt habe, aber ich dachte, diese Frage wäre angebracht."

„Kümmern Sie sich um Ihre eigenen Angelegenheiten", sagte der Mann.

Das war Moodys Gelegenheit. „Aber das ist meine Angelegenheit", sagte er nachdrücklich und ging dann weiter.

Mehrere Monate später klopfte jemand abends an Moodys Tür. Als er öffnete, stand der Mann vor ihm, der ihm damals gesagt hatte, er solle sich um seine eigenen Angelegenheiten kümmern.

„Ich möchte Christ werden", sagte er. „Seit jener Nacht habe ich keinen Frieden mehr gefunden. Ihre Worte haben mich erschreckt und aufgestört. In der vorigen Nacht konnte ich nicht schlafen. Deshalb bin ich hergekommen und bitte Sie, mit mir zu beten."

Noch am selben Abend führte Moody den Mann zum Herrn Jesus. Er wurde später Sonntagsschullehrer in Moodys Kirche.

Reise nach Irland

Moody war ein guter Bibelkenner. Er stand früh auf, um zwei oder drei Stunden allein mit Gott über dem Lesen der Bibel zu verbringen. Morgens war sein Geist noch klar, deshalb hielt Moody diese Tageszeit für am besten geeignet. Während er fortfuhr, die Bibel zu studieren, in seiner Sonntagsschule zu unterrichten und in der Kirche zu predigen, wurde er allmählich immer bekannter und beliebter. Er bekam Einladungen von verschiedenen Gemeinden, bei ihnen zu predigen.

Im Jahre 1867 wurde Moody krank. Die Ärzte rieten Herrn und Frau Moody, eine weite Reise zu machen. Da sich Moody immer gewünscht hatte, einmal Charles Spurgeon und Georg Müller kennenzulernen, reisten sie nach England. Die Menschen dort kannten Moody zwar nicht, forderten ihn aber trotzdem auf, ein paarmal zu predigen. Auch traf er mit Spurgeon und Müller zusammen. Dann reisten die Moodys nach Irland.

Nachdem Moody nach Amerika zurückgekehrt war, predigte er häufiger als zuvor. Von vielen Kirchen und Gruppen wurde er zum Predigen eingeladen.

Ira D. Sankey

Eines Tages traf Moody mit einem jungen Mann zusammen: Ira D. Sankey. Er war etwa 30 Jahre alt und Regierungsbeamter, außerdem ein sehr guter Sänger und Chorleiter. Moody sprach mit ihm und sagte: „Sie sollten Ihre Regierungsstellung aufgeben und zu mir kommen. Sie sind der Mann, den ich seit acht Jahren suche."

Sankey war sehr überrascht, versprach aber, darüber zu beten. Einige Zeit später schloß er sich Moody in der evangelistischen Arbeit an und half bei den Versammlungen. Moody merkte, daß die Leute gern sangen, und wußte, daß Gott auch das Singen gebrauchen konnte, um die Herzen der Menschen zu erreichen.

Dann brach in Chicago ein großes Feuer aus. Eine

Zeitlang wurden Moody und Ira Sankey getrennt. Aber genau zweieinhalb Monate nach dem Brand hielt Moody den Einweihungsgottesdienst für das neue Gotteshaus, Nord-Tabernakel genannt. Es stand an derselben Stelle, wo das alte gestanden hatte.

Gesegnete Reisen

Alle Veranstaltungen in der Gemeinde waren allmählich gut organisiert, so daß Moody es wagen konnte, wegzufahren. Er beschloß, noch eine Seereise nach England zu machen. Wieder fuhr er nach London und wurde gebeten, in einer der dortigen Kirchen zu predigen.

Im Morgengottesdienst schien sich nichts zu ereignen. Moody hatte den Eindruck, die Herzen seiner Zuhörer seien ziemlich kalt. Aber im Abendgottesdienst geschah etwas. Als er seine Botschaft beendet hatte und die Einladung gab, wer Jesus annehmen möchte, solle aufstehen und nach vorn kommen, standen Hunderte von Menschen auf.

Moody dachte, sie hätten ihn nicht richtig verstanden, und wiederholte, nur diejenigen, die wirklich zum Herrn Jesus kommen und ihm nachfolgen wollten, möchten zum Gebet nach vorn kommen. Alle, die aufgestanden waren, kamen. Moody folgte ihnen in den Ausspracheraum und fragte sie wieder, ob wirklich alle verstanden hatten, was er meinte. Er sagte, daß nur diejenigen, die Christen werden sollten, stehenbleiben möchten. Alle blieben stehen. Diese Versammlungen waren so wunderbar, daß Moody zehn Tage lang Sonderversammlungen abhielt. In jenen Tagen wurden etwa 400 Menschen in die Gemeinde aufgenommen.

Bald entdeckte Moody auch den Grund für diese gesegneten Versammlungen. Eine Frau, die krank im Bett lag, hatte von Moodys Versammlungen in Amerika gelesen. Sie hatte gebetet, Gott möge doch diesen Prediger nach London schicken, um in ihrer Kirche zu sprechen; aber sie hatte niemand anderem etwas davon gesagt.

Als dann eines Sonntagmorgens ihre Schwester aus der Kirche kam und ihr berichtete, daß der Prediger Moody aus Amerika gesprochen habe, sagte die Kranke: „Gott hat mein Gebet erhört." Und am Nachmittag betete sie dafür, Gott möge im Abendgottesdienst etwas ganz Besonderes tun. Gott erhörte auch dieses Gebet, und an dem Abend kamen viele Menschen zu Christus.

Die Kirchenleitung bat Moody, im nächsten Jahr wiederzukommen. Diesmal brachte Moody Ira D. Sankey mit. Sie predigten und sangen das Evangelium. Nach fünf Versammlungsabenden waren mehrere hundert Menschen an den Herrn Jesus gläubig geworden. Die Kapelle, in der sie ihre Gottesdienste begonnen hatten, war bald zu klein, um alle Zuhörer zu fassen; deshalb mieteten sie eine der größten Hallen Englands.

Eine weltliche Tageszeitung berichtete von den Versammlungen. Das war sehr ungewöhnlich, denn damals erwähnten die Zeitungen selten religiöse Veranstaltungen. Je mehr die Zeitung über die Gottesdienste schrieb, desto mehr Einladungen bekamen Moody und Sankey von anderen Gemeinden.

In Schottland

Eines Tages erreichte sie eine Einladung aus Edinburgh, Schottland. Beide waren überzeugt, daß der

Herr sie dorthin rief. So fuhren sie nach Edinburgh, um dort Versammlungen zu halten. Es kamen so viele Menschen, daß sie drei oder vier Versammlungen nacheinander abhalten mußten, um die ganze Menge zu erreichen.

Als Moody und Sankey drei Monate in Edinburgh gewirkt hatten, gingen sie nach Glasgow. Wieder gebrauchte Gott diese Männer, und wieder wurden Hunderte von Menschen gerettet.

Am vorletzten Tag seiner Versammlungen forderte Moody nur diejenigen auf zu kommen, die in diesen Tagen Jesus angenommen hatten. 3500 Menschen kamen. Am letzten Abend waren 50.000 Leute anwesend.

Dann reisten Moody und Sankey nach Belfast in Irland, wo ebenfalls große Mengen kamen, um das Evangelium zu hören. Nach mehreren Monaten reich gesegneter Versammlungen kehrten die beiden Evangelisten nach London zurück.

In dieser Stadt wohnten so viele Menschen, daß sie wußten, sie würden kaum ein Gebäude finden, das groß genug wäre, um alle, die kommen würden, aufzunehmen. Deshalb hielten sie ihre Versammlungen in der Landwirtschaftshalle im Norden Londons ab, in der etwa 15.000 bis 20.000 Menschen Platz fanden, und auch in der Königlichen Oper, die 5000 Menschen faßte. Zu beiden Orten strömten die Menschen. Alle wollten den 38jährigen Evangelisten aus Amerika hören.

Erweckungen

Nach diesen gesegneten Versammlungen in London kehrten Moody und Sankey nach Amerika zurück und hielten in New York, Philadelphia, Chicago,

Boston und an anderen Orten Versammlungen ab. Immer benutzte Gott seine Diener, in den Herzen der Zuhörer neues Leben zu wirken. Sankey sang nicht nur in den Gottesdiensten und war Chorleiter und Dirigent, er organisierte in kurzer Zeit Chöre von 600, 700 und 800 Sängern, die dann das Evangelium zu Gottes Ehre sangen.

Gott gebrauchte Moody nicht allein in den Vereinigten Staaten, sondern auch in vielen anderen Ländern.

Am 16. November 1899 hielt Moody seine letzte Predigt. Er sprach vor 15.000 Menschen, die sich in der Convention Hall in Kansas City, Missouri, versammelt hatten. In jener Nacht kamen Hunderte von Menschen zum Herrn Jesus.

Dann wurde Moody krank. Nach vier Wochen, am 22. Dezember 1899, rief Gott ihn zu sich in den Himmel. In seinen letzten Stunden sagte er zu seinen Angehörigen: „Heute ist mein Krönungstag. Es ist herrlich!"

Zum Begräbnis dieses außergewöhnlichen Evangelisten strömten von nah und fern Menschen herbei. Sie erinnerten sich daran, daß Moody einige Jahre vorher zu ihnen gesagt hatte: „Eines Tages werdet ihr in der Zeitung lesen, daß D. L. Moody aus East Northfield tot ist. Glaubt kein Wort davon. In dem Augenblick werde ich lebendiger sein, als ich es jetzt bin. Nur werde ich dann eine Stufe höher gestiegen sein. Das ist alles."

So war Moody aus diesem Leben gegangen, um bei seinem Herrn zu sein. Sein irdisches Werk war vollendet, und sein Heiland, für den er gewirkt hatte, wartete auf ihn.

John Bunyan

Der Mann, der für Jesus ins Gefängnis ging

Die meisten Lebensbeschreibungen handeln von bedeutenden Menschen – von Predigern, Sängern, Missionaren –, die Großes für Gott geleistet haben.

In dieser Geschichte jedoch hören wir von einem Mann, der erst, nachdem er verheiratet war, an Gott glaubte. Aber später schrieb Bunyan dann ein Buch, nämlich „Die Pilgerreise". Dieses Buch ist in über 100 Sprachen übersetzt worden. Es wurde auch für Kinder und junge Leute geschrieben.

John Bunyan wurde im November 1628 in Bedford, England, geboren. Er wuchs nicht in einem christlichen Elternhaus auf. Seine Eltern glaubten nicht an Gott.

Johns Ururgroßvater war kein guter Mann. Er und seine Frau hatten ein kleines Gasthaus. Da sie keine Christen waren, taten sie manches, was nicht recht war. Zwölfmal wurden diese Leute verhaftet und bestraft, weil sie ihren Kunden zuviel Geld abgenommen hatten.

Johns Großvater war Kesselflicker. Er reiste im ganzen Land umher, ging von Haus zu Haus und verkaufte Töpfe und Pfannen oder reparierte alle Arten von Kesseln. Als Johns Vater heranwuchs, übte er denselben Beruf aus wie sein Vater, weil es so üblich war. Auch John übernahm, als er älter wurde, diese Arbeit von seinem Vater.

Wir wissen nicht viel von der Kindheit und Jugend John Bunyans, nur, daß er aus einer armen Familie stammt und kein Christ war. Er bekam auch kaum eine Ausbildung, konnte aber lesen und schreiben, als er aus der Schule kam und arbeiten mußte, um die Familie zu unterstützen.

John war kein guter Junge. Viele Stunden wußte er überhaupt nicht, was er tun sollte. So verfiel er auf allerhand Streiche. Er begann zu lügen, zu fluchen und zu betrügen. Vor älteren Menschen hatte er kaum Respekt. Aber etwas liebte John sehr und brachte es darin auch zu etwas – das war der Sport. John war einer der besten Athleten in seinem Ort.

Weil sich John zu Hause oft unglücklich fühlte, beschloß er, als er 16 Jahre alt war, zur Armee zu gehen. Er war länger als zwei Jahre Soldat. Danach schien er alle Lust am Leben verloren zu haben. Seine Mutter und seine Schwester waren in der Zwischenzeit gestorben, und John wußte nicht, wozu er noch weiterleben sollte. Aber Gott wachte über seinem Leben, denn er hatte noch etwas Besonderes mit John Bunyan vor.

Eines Tages war John zu einem Angriff beordert worden. Das war eine sehr gefährliche Sache und hätte ihn leicht das Leben kosten können. Aber im letzten Moment vor dem Ausrücken zur Schlacht wurde ein anderer Mann an seiner Stelle genommen. Dieser Mann wurde dann getötet. Als John dies hörte, wurde er sehr nachdenklich. Vielleicht war er aus einem ganz bestimmten Grund verschont worden. Nach kurzer Zeit jedoch vergaß John, daß er knapp dem Tod entronnen war, und stürzte sich wieder in ein ausschweifendes Leben.

Manchmal träumte John von ewigen Dingen. Wenn er dann erwachte, nahm er sich vor, nicht mehr zu sündigen. Aber schon nach einigen Minuten hatte er seinen Vorsatz vergessen und fiel wieder in Sünde. Er wußte jedoch, daß er ein Sünder war. Er wußte, daß Betrügen, Fluchen und Lügen Sünden sind; aber er konnte eben nicht anders werden.

Als John Bunyan 19 Jahre alt war, heiratete er. Seine Frau kam aus einem christlichen Elternhaus. Sie hatte schon als Kind von Gott gehört. Deshalb sprach sie auch oft mit ihrem Mann über Gott.

John hatte nicht viel von seinem Lese- und Schreibunterricht in der Schule behalten, aber seine Frau ermutigte ihn und half ihm dabei, einige Bücher zu lesen, die ihr Vater ihnen geschenkt hatte. Sie erinnerte ihn auch immer wieder freundlich daran, er müsse Christ werden. Oft versuchte John Bunyan, ein neues Leben zu beginnen und religiös zu werden. Er dachte, das sei genug. Auch ging er mit seiner Frau jeden Sonntag zweimal zur Kirche. Er hörte auf zu fluchen und versuchte, eine Sünde nach der anderen aufzugeben, bis er glaubte, ein gutes Leben zu führen. Viele seiner Bekannten sahen, daß sich Johns Leben verändert hatte. Aber trotz allem hatte sich John in Wahrheit nicht gewandelt, denn er hatte sein Herz noch nicht Jesus übergeben. In seinem äußeren Leben hatten sich manche Dinge geändert, aber das war auch alles.

John verkaufte immer noch Töpfe und Pfannen und flickte schadhafte Kessel. Eines Tages, als er durch die Straßen ging und rief: „Töpfe und Pfannen, hat jemand Töpfe und Pfannen auszubessern?”, begegnete er drei Damen. John konnte sehen, daß sie arm waren, aber es war etwas an ihnen, das seine Aufmerksamkeit erregte. Sie sprachen von dem Herrn Jesus.

John hatte nie geglaubt, daß man religiös und dennoch glücklich sein könne, aber als er mit diesen Frauen sprach, wurde ihm klar, was Christsein wirklich bedeutete. Sie erklärten John, daß er durch äußerliche Änderungen kein Christ würde. Sie erzählten ihm von der Liebe Gottes, der seinen Sohn, den Herrn Jesus, gegeben habe, um für ihn zu sterben. An jenem Tage hörte John Bunyan zum erstenmal das wahre Evangelium von dem Herrn Jesus.

Durchbruch

Nachdem John mit diesen Frauen gesprochen hatte, ging er nach Hause und las in der Bibel. Er begann, sie regelmäßig zu lesen und ging, sooft er konnte, zu diesen Frauen, um mit ihnen zu reden. Manchmal fragte er sie etwas, was sie nicht beantworten konnten. Dann gingen sie zu einem Herrn Gifford und fragten diesen um Rat.

Je mehr John in der Bibel las, je mehr er mit den Frauen sprach und je mehr er Herrn Gifford fragte, um so deutlicher erkannte er, daß er ein großer Sünder war. Oft ging er auf den Speicher seines kleinen Hauses, weinte und betete zu Gott. Manchmal dachte er, er habe so viele Sünden begangen, daß ihm Gott niemals vergeben könnte.

Eines Tages wurde John Bunyan krank. Wie entmutigt war er da! Er mußte immer daran denken, daß sein Herz voll Sünde war. Während dieser Krankheit las Bunyan ein Buch von Martin Luther. Kurze Zeit danach übergab er sein Herz und Leben dem Herrn Jesus und wurde ein Kind Gottes.

Das hieß nun nicht, daß es keine Probleme mehr für ihn gegeben hätte. Im Jahre 1655 hatte John Bunyan viele Sorgen. Zuerst starb sein lieber Freund, Pfarrer John Gifford, der ihm so viel geholfen hatte. Nach kurzer Zeit starb auch seine liebe Frau. Dann wurde John bis auf den Tod krank, aber Gott schonte sein Leben.

John Bunyan fürchtete, der Tod seiner lieben Frau sei beinahe mehr, als er ertragen könne. Aber er merkte, daß der Herr Jesus, sein Heiland, sein wirklicher Helfer war.

Verhaftet!

Weil John Bunyans Leben nun dem Herrn Jesus gehörte, beschloß er, ihn zu bezeugen, während er seine Pfannen und Töpfe verkaufte. Er sprach dabei mit den Leuten über den Herrn Jesus Christus. Gott segnete Johns Geschäft, so daß er mehr verkaufen und ausbessern konnte als je zuvor. Er konnte auch mehr Leute erreichen und mit ihnen über den Herrn Jesus sprechen.

Aber damals gab es ein Gesetz in England, das besagte, daß niemand außer einem Pastor predigen dürfe. Doch John Bunyan wußte, daß Gottes Wort sagt: „Gehet hin in alle Welt und prediget das Evangelium allen Völkern." Deshalb beschloß John, Gott mehr zu gehorchen als den Menschen. Er fuhr fort zu predigen, während er Töpfe und Pfannen ausbesserte.

Im Jahre 1659 heiratete John Bunyan wieder. Das Mädchen hieß Elisabeth. Sie war eine sehr tapfere Frau und ihrem Mann eine große Hilfe. Sie sorgte für Johns vier Kinder und ermutigte ihn, weiter zu predigen.

Dann gab es eine Änderung in der Regierung Englands. Es wurden neue Gesetze erlassen. Ein Gesetz besagte, daß, wenn jemand predigte, ohne ein ordinierter* Geistlicher zu sein, er ins Gefängnis geworfen würde. John Bunyan wollte nicht gegen die Gesetze seines Landes verstoßen, doch wußte er, daß man Gott mehr gehorchen muß als den Menschen. Eine Zeitlang zog er seltsame Kleider an, um sein Aussehen zu verändern, und ging heimlich an bestimmte Orte, um zu predigen. Aber es wurde John bald klar, daß dies nicht die richtige Art war, das Evangelium zu verkündigen; deshalb wurde er wieder kühn wie zuvor. Eines Tages wurde John Bunyan gebeten, in ein nahe gelegenes Dorf zu kommen und dort zu predigen. Er versprach es. Seine Freunde sagten ihm, die Polizei wüßte, daß er dorthin gehe. Sie versuchten, ihn zurückzuhalten; aber John Bunyan wußte, daß Gott auch da sein würde. Deshalb ging er trotzdem hin.

Als John zu predigen begann, kam ein Polizist auf ihn zu, verhaftete ihn und nahm ihn mit vor den Richter. Man sagte John Bunyan, er würde wieder freigelassen, wenn er verspreche, nicht mehr zu predigen. Aber John konnte es nicht versprechen. Vielleicht dachte er auch an den Apostel Petrus, dem man viele Jahre vorher dasselbe gesagt hatte.

12 Jahre Gefängnis

In der Gerichtsverhandlung durfte John nichts sagen. Er durfte auch keine Zeugen bringen, um sich zu verteidigen. Er wurde schuldig gesprochen und ins Gefängnis geworfen. Das Urteil lautete auf drei Monate

* Von der Kirche geweiht und deshalb nach kirchlichem Recht allein zum Predigtamt berechtigt

Gefängnis. Nach dieser Zeit würde er entlassen werden, wenn er versprach, nicht mehr zu predigen. Wenn er das aber nicht versprechen sollte, würde man ihn aufhängen. Denkt euch – aufhängen wollte man einen Mann, weil er vom Herrn Jesus gepredigt hatte!

Schließlich, nachdem das Urteil gesprochen war, bekam Bunyan die Gelegenheit zu reden. Seine Worte waren: „Wenn ich heute aus dem Gefängnis entlassen würde, würde ich morgen wieder predigen. So wahr mir Gott helfe."

John Bunyans Gefängnisstrafe war nicht nach drei Monaten vorüber. Sie dauerte 12 lange Jahre. Er hätte jederzeit aus dem Gefängnis entlassen werden können, wenn er nur versprochen hätte, nicht mehr vom Herrn Jesus zu predigen. Aber John Bunyan liebte den Herrn und wußte, daß er den Menschen von ihm sagen mußte – auch wenn dies bedeutete, im Gefängnis zu bleiben, von Frau und Kindern getrennt zu sein und nicht die Möglichkeit zu haben, sie irgendwie unterstützen zu können. John Bunyan liebte seine Familie. Sein Geschäft war gewachsen. Er war gern draußen an der frischen Luft und im Sonnenschein. Er liebte das Gras und den blauen Himmel. Aber trotz allem zog er es vor, 12 Jahre im Gefängnis zu bleiben, weil er den Herrn Jesus liebte und ihm dienen wollte.

Das Gefängnis war schmutzig, dunkel und voller Menschen. Viele davon waren krank. Einige Gefangene starben wegen dieser Zustände. Manchmal waren mehr als 50 Menschen in einem kleinen Raum zusammengedrängt. Einige von ihnen waren Mörder oder Verbrecher, andere waren nur deshalb eingesperrt, weil sie nicht in die Staatskirche gingen, sondern predigen wollten, wie sie vom Herrn Jesus geführt wurden.

Bald erkannte John Bunyan, daß er ja seinen Mitgefangenen predigen konnte. Das tat er, und viele von ihnen trafen sich regelmäßig mit ihm zum Gebet.
Obwohl die zwölfjährige Gefängniszeit für John Bunyan hart war, verschwendete er seine Zeit nicht. Er nützte jede Minute aus, las Gottes Wort, betete und schrieb. So entstand sein berühmtes Buch „Die Pilgerreise".

Neue Möglichkeiten

Im Alter von 43 Jahren wurde John Bunyan endlich aus dem Gefängnis entlassen. Man bat ihn, Pastor der Baptistenkirche in Bedford zu werden. Er sagte zu und war während der nächsten 16 Jahre als Pastor dort tätig. Er predigte jedoch nicht nur in seiner eigenen Gemeinde, sondern auch an vielen anderen Orten, so beispielsweise in London und Cambridge. Er predigte vor Universitätsstudenten und in Straßenversammlungen, manchmal auch in einem alten Gebäude. Obwohl John oftmals bedroht wurde, wurde er nicht noch einmal ins Gefängnis geworfen.
John Bunyan wurde auch oft gerufen, um in Haus- und Familienangelegenheiten zu helfen. Eines Tages lief ein Junge, der in Bunyans Nachbarschaft wohnte, von zu Hause weg. Nach einiger Zeit entschied sich der Junge, nach Hause zurückzukehren; aber jetzt waren die Eltern entschlossen, ihn nicht wieder aufzunehmen. Der Junge bat John Bunyan, ihm zu helfen, wieder in sein Elternhaus zu kommen. Bunyan unterhielt sich mit den Eltern, die versprachen, ihren Jungen wieder bei sich aufzunehmen. So machte Bunyan eine weite Reise, um den Jungen nach Hause zu holen. Während dieser Reise regnete es ununterbrochen, so daß John Bunyan völlig durchnäßt wur-

de. Er hatte keine Gelegenheit, trockene Kleider zu bekommen und sich zu wärmen. Er bekam Fieber und wurde schwer krank. Am 31. August 1688, im Alter von 60 Jahren, ging er in Frieden heim zu seinem Herrn.

So endete das Leben John Bunyans, der das Buch „Die Pilgerreise" geschrieben hat. Dieses Buch gibt es noch heute, und es wird in aller Welt gelesen.

Georg Müller
Der Vater der Waisen

Georg Müller wurde am 27. September 1805 geboren. Sein Vater war bei der Regierung angestellt und zog Steuern von Geschäften und Firmen ein. Georg erhielt eine gute Erziehung, aber er lernte nicht, mit Geld umzugehen. Er und sein Bruder bekamen von ihren Eltern in großzügiger Weise Geld in die Hand. Sie hofften, ihre Söhne würden dadurch lernen, es recht zu gebrauchen. Das war aber nicht der Fall. Im Gegenteil. Wenn Georg gefragt wurde, was er mit seinem Taschengeld gemacht habe, erfand er irgendeine Lüge. Er nahm sogar jede Gelegenheit wahr, um sich noch mehr zu verschaffen. Eine Lüge folgte der andern, und Georg fiel immer tiefer in Sünde.

Im Gefängnis

Noch ehe Georg Müller zehn Jahre alt war, war er ein geschickter Dieb, Betrüger und Lügner. Mit 14 Jahren verbrachte er viel Zeit mit Kartenspiel und Trinken. Er war sogar in der Nacht, als seine Mutter starb, betrunken.

Wie viele Jungen seines Alters wurde Georg Müller konfirmiert, aber er hörte im Unterricht gar nicht zu. Als er konfirmiert werden sollte, nahm er sogar etwas von dem Geld weg, das für den Pastor bestimmt war. Das alles tat Georg, weil er Jesus nicht als seinen

Heiland kannte. Er wollte nicht unbedingt ein Dieb und Betrüger sein; aber er mußte diese Dinge tun, weil ihn der Teufel dazu verleitete.

Als Georg Müller 16 Jahre alt war, wurde er ins Gefängnis gesteckt, weil er eine große Hotelrechnung nicht bezahlt hatte.

Georgs Vater hörte davon, fuhr direkt zum Hotel und bezahlte diese und andere Rechnungen, damit Georg wieder aus dem Gefängnis entlassen würde. Danach schien sich Georg ein wenig zu bessern, aber die Sünde herrschte weiter in seinem Herzen und Leben.

Georg nimmt Jesus an

Schon früh begann Georg Müller mit Studieren und Lesen. Er besaß 300 Bücher, aber eine Bibel war nicht darunter. Obwohl Georg ein Seminar besuchte, um Pastor zu werden, lebte er nicht so, wie es dem Herrn Jesus gefallen hätte.

An dieser Schule fand Georg einen Freund. Sein Name war Beta. Sogleich begannen die beiden, allerlei sündhafte Dinge zu treiben. Eines Tages stahlen sie Geld und machten eine weite Reise. Nachdem sie zurückgekehrt waren, wurde es jedoch Beta klar, daß er unrecht getan und nicht für Jesus gelebt hatte. Er bekannte dem Herrn seine Sünde.

Georg und Beta gingen eines Tages zu einer kleinen Gebetsversammlung. Hier trafen sich jede Woche einige Leute, um zu singen, in der Bibel zu lesen und kniend zu beten. In diesem Kreis erkannte Georg Müller, was für ein schreckliches Leben er bisher geführt hatte. Er ging weiter zu diesen Gebetsversammlungen, und es dauerte nicht lange, bis er sein Leben dem Herrn Jesus übergab.

Danach schrieb er seinem Vater, daß er nun von allen seinen Sünden errettet sei, und bat ihn, sein Leben doch auch dem Herrn Jesus zu übergeben. Aber sein Vater wurde zornig.

Bis zu diesem Augenblick hatte Georg immer Geld von seinem Vater bekommen, aber als er hörte, wie sehr sein Vater gegen ihn aufgebracht war, entschied er sich, in Zukunft kein Geld mehr von ihm anzunehmen.

In England

Im Jahre 1830 nahm Georg Müller einen Ruf der Ebenezer-Gemeinde in England an, um dort als Pastor zu dienen. Diese Gemeinde hatte nur 18 Mitglieder. Sie entschlossen sich, ihrem Pastor etwa 1200 Mark im Jahr zu zahlen. Dieses Geld kam ein, weil es damals Sitte war, die Bänke und Sitze im Gemeindesaal zu vermieten. Georg Müller aber war gar nicht damit einverstanden.

Es dauerte nicht lange, da kündigte er seiner Gemeinde an, er wolle kein regelmäßiges Gehalt mehr bekommen. Es solle nur ein Kästchen an die Kapellentür gestellt werden. Jeder, der ihn unterstützen wolle, könne dort sein Opfer einlegen.

Von dem Tage an begann Georg Müller aus Glauben zu leben und wurde bald als „Mann des Glaubens" bekannt. Im selben Jahr heiratete er Mary Groves. Sie war ihm eine echte Gehilfin in seinem Dienst für Gott. Auch sie liebte den Herrn Jesus und wollte alles tun, was Gott ihnen auftrug.

Am Ende des ersten Jahres seines Dienstes in der Ebenezer-Gemeinde hatte Georg Müller schon über 2800 Mark von seinen Freunden bekommen. Hätte er weiter ein Gehalt bezogen, wäre es weit weniger gewesen.

Georg Müller las sehr viel. Die Bibel las er etwa 200mal von vorn bis hinten durch. Eines Tages stieß er beim Bibellesen in Psalm 68 Vers 6 auf den Ausdruck „Vater der Waisen". Als er das las, sagte er sich: „Gott ist ihr Vater und hat deshalb versprochen, für sie zu sorgen; so brauche ich ihn nur an das zu erinnern, was diese armen Kinder brauchen, dann wird er sie versorgen."

Georg Müller entschied sich dann, ein Haus zu mieten und ein Waisenhaus für Kinder zu eröffnen.

Am Eröffnungstag war nicht ein einziges Kind gekommen. Da wurde es Georg Müller klar, daß er zwar den Herrn gebeten hatte, alle Möbel für die Einrichtung des Heims zu beschaffen, aber nicht darum, auch Kinder in das Haus zu schicken. Er betete wieder, und schon am nächsten Tag wurde das erste Kind aufgenommen. Einen Monat später waren 26 Waisen in dem Heim untergebracht.

Sieben Monate nach der Eröffnung des ersten Waisenhauses wurde ein zweites eröffnet, das 30 Kinder aufnahm. Ein Jahr später wurde ein Heim für Jungen eröffnet. Jetzt hatten Georg Müller und seine Frau drei Waisenhäuser mit insgesamt 96 Waisen zu betreuen. Nicht ein einziges Mal in diesem Jahr versagte ihnen Gott eine Mahlzeit, und nicht einmal wurde unter Georg Müllers Leitung das Essen mit mehr als 30 Minuten Verspätung aufgetragen.

Allmählich beschwerten sich die Nachbarn über zuviel Lärm von den Kindern. Außerdem hatte Georg Müller den Eindruck, die gemieteten Häuser und die Spielplätze seien zu klein. Deshalb machte er Pläne, ein neues Heim zu bauen. Das sollte einen großen Garten haben, damit die Kinder reichlich Platz zum

Spielen hätten. Auch Gemüse zur Ernährung der Kinder sollte angebaut werden. Ein Architekt, der ebenfalls sein Herz dem Herrn Jesus gegeben hatte, bot kostenlos seine Dienste an, und bald war das Werk getan. 275 Kinder zogen dann in dieses neue Heim um.

Unter Georg Müllers Leitung waren fünf große Waisenhäuser erbaut worden. Alles Geld für diese Gebäude und alle Kosten, um das Werk 35 Jahre hindurch zu führen, waren stets eingegangen, weil Georg Müller, seine Frau, die Kinder und viele andere Menschen Gott darum gebeten hatten. Und Gott erhörte diese Gebete.

Am 6. Februar 1870 starb die Frau von Georg Müller. Sie war ihm fast 40 Jahre lang eine treue Gehilfin gewesen. Sie starb einen Monat nach der Vollendung des letzten der neuen Waisenhäuser. Georg Müller hielt die Grabrede und predigte über den 68. Vers aus Psalm 119: „Du bist gütig und freundlich."

Weltreisen

16 Monate nachdem Frau Müller gestorben war, heiratete Lydia Müller, ihre einzige Tochter, James Wright. Er hatte mit Georg und seiner Frau zusammen in den Waisenhäusern gearbeitet. Jetzt hatte Georg Müller in James Wright einen Nachfolger bekommen. Nun konnte er selbst sein Werk eine Zeitlang verlassen, um zu reisen und Missionsarbeit zu tun. Georg Müller war 70 Jahre alt, als er England verließ und seine erste Missionsreise antrat. 17 Jahre lang reiste er dann noch in alle Welt und verkündigte den lebendigen, auferstandenen Herrn Jesus Christus.

An seinem 90. Geburtstag predigte Georg Müller in der Gemeinde, deren Pastor er nun 69 Jahre lang gewesen war. Seine letzte Predigt hielt er an dem Sonntagabend vor seinem Tod über den Vers: „Denn wir wissen, daß, wenn unsere irdische Zeltwohnung abgebrochen wird, wir einen Bau von Gott haben, ein Haus, nicht mit Händen gemacht, das ewig ist, im Himmel" (2. Korinther 5,1). Diese Botschaft war ihm kurz vor seinem Ende vom Heiligen Geist eingegeben worden. In der folgenden Nacht starb er.

Immer wieder haben sich Menschen über Georg Müllers großen Glauben gewundert. Das Geheimnis seines Glaubens war die innige Verbundenheit mit seinem Herrn. Georg Müller verbrachte viel Zeit damit, in der Bibel zu lesen und zu beten.

Er war ein Vater für mehr als 10 000 Waisen gewesen. Gott hatte sowohl sein als auch ihr Leben gesegnet.

Die ausführliche Biographie ist erschienen in der Christlichen Literatur-Verbreitung · Postfach 110135 · 4800 Bielefeld 11

Frances Havergal

Eine Musikerin, die Jesus über alles liebte

Frances Havergal wurde am 14. Dezember 1836 in einem christlichen Elternhaus in Astley, England, geboren. Ihr Vater war Pastor, ein sehr gebildeter Mann, dazu ein guter Musiker, der viele weltliche und geistliche Lieder komponierte.

Frances war ein ungewöhnliches Kind. Sie war erst drei Jahre alt, als sie schon lesen konnte. Oft las sie ein Buch, wenn die Eltern dachten, sie sei draußen und spiele.

Als „Fanny", wie sie viele Jahre lang genannt wurde, vier Jahre alt war, konnte sie die Bibel sowie viele andere Bücher ihrer Eltern lesen.

Herr und Frau Havergal erkannten, daß ihr Töchterchen hochbegabt war, denn bald nachdem sie vier Jahre alt geworden war, lernte sie schreiben. In kürzester Zeit hatte sie die französische Sprache erlernt. Sie entdeckten dann auch ihr Interesse an der Musik. Das machte vor allem den Vater sehr glücklich, denn er hatte immer gehofft, eines seiner Kinder möchte ebensoviel Freude an der Musik haben wie er.

Frances' Vater hatte mehrere hundert Lieder geschrieben und verkauft; aber er behielt das Geld nicht, das er dafür bekam. Allen Verdienst aus seinen Liedern gab er in das Werk des Herrn.

Natürlich spielte Frances auch mit den Nachbarskindern, aber meistens las sie oder schrieb Gedichte.

Als sie sieben Jahre alt war, hatte sie schon einen Gedichtband geschrieben.

Das Vermächtnis der Mutter

Herr und Frau Havergal waren fromme Leute. In der Familie wurde viel gebetet. Als Frances elf Jahre alt war, wurde ihre Mutter schwer krank und starb bald danach. Auf ihrem Sterbebett rief Frau Havergal Frances zu sich. Sie bat ihre Tochter, sich von ganzem Herzen dem Herrn Jesus zu übergeben und alle ihre Gaben für ihn einzusetzen. Frances war die Jüngste in der Familie, und Mutter Havergal war in großer Sorge um sie. Bevor sie starb, sagte die Mutter: „Denke daran: Nichts anderes als das kostbare Blut Jesu kann dich vor Gott rein und schön machen." Diese Worte vergaß Frances in ihrem ganzen Leben nicht.

Weil Frances in allem so weit fortgeschritten war, brauchte sie nicht mit anderen Kindern zur Schule zu gehen. Sie studierte Englisch, Deutsch, Französisch, Hebräisch, Latein und Walisisch zu Hause und konnte Bücher und Druckschriften in diesen Sprachen lesen. Mit 14 Jahren wurde sie in eine Mädchenschule geschickt. Während dieser Zeit traf sie eine Entscheidung für Jesus und nahm ihn als ihren Heiland an. Zum erstenmal im Leben erfuhr Frances selbst die Reinigung, von der ihre Mutter gesprochen hatte.

„Es war das Wort ‚reinigt', das mir die Tür der Hoffnung öffnete", sagte sie. „Es bedeutet nicht nur zu kommen, um in der Quelle gereinigt zu werden, sondern in der Quelle zu bleiben, so daß die Reinigung ständig geschieht."

Jetzt entschloß sich Frances, eine Sonntagsschulklasse in der Gemeinde ihres Vaters zu übernehmen. Sie war erst 14 Jahre alt, aber trotzdem eine gute Lehrerin. Sie schrieb die Namen und Anschriften, die Geburtstage und manches andere von den Kindern in ein Buch, so daß sie ihnen immer helfen konnte, wenn sie Hilfe brauchten.

Umzug nach Deutschland

Als Frances 16 Jahre alt war, heiratete ihr Vater wieder. Weil er nicht gesund war, zog die Familie nach Deutschland. Jetzt besuchte Frances eine deutsche Mädchenschule. Sie merkte bald, daß die Schülerinnen dort nichts vom Herrn Jesus wußten. Statt enttäuscht zu sein, nahm Frances dies als eine Herausforderung an. Sie beschloß, von nun an jederzeit ein echtes Zeugnis für ihren Herrn zu sein, um, wenn möglich, die Mädchen für ihn zu gewinnen.

Herr Havergal lehrte seine Tochter die griechische Sprache. Bald konnte sie das Neue Testament in Griechisch lesen. Neben ihren Studien fuhr sie fort, Gedichte zu schreiben.

Da Frances auch musikalisches Talent hatte, schrieb sie für einige ihrer Gedichte die Musik selbst und legte sie einem hervorragenden Musiker, Ferdinand Hiller, vor. Hiller war von den Worten und der Musik so beeindruckt, daß er Frances fragte, ob sie kein Interesse daran habe, Musik zu studieren, um wirklich gute Musik schreiben zu können. Sie sagte zu.

Frances verliert ihre Stimme

Weil Frances auch eine schöne Stimme hatte, wurde sie zur Solistin der Philharmonie berufen. Das war etwas völlig Neues und Aufregendes für sie, schöner als alles, was sie bisher erlebt hatte. Aber als sie darüber nachdachte, fürchtete sie, sie könnte Gott darüber vergessen. Sie sagte: „Eine ganz neue und unerwartete Macht war mir auf einmal gegeben worden. Ich war so glücklich darüber, daß daneben alle anderen Dinge verblaßten. Dann betete ich, daß, wenn meine Stimme ein Hindernis für mich sein sollte, Gott mir doch diese Gabe wieder nehmen möchte."

Dieses Gebet erhörte Gott. Plötzlich wurde sie krank und verlor ihre Stimme. Nachdem sich Frances erholt hatte, arbeitete sie mit verschiedenen Gruppen zusammen. Sie gab Gesangsstunden, fuhr aber auch fort, Gesang zu studieren, Gedichte zu schreiben und zu vertonen. Dies war eine Gabe, die ihr Gott gegeben hatte, und sie durfte sie nicht vernachlässigen.

Lieder, die bekannt wurden

Eines der bekanntesten Lieder, das Frances Havergal uns geschenkt hat, ist das Lied „Nimm mein Leben, Jesu, dir übergeb' ich's für und für". Sie kam unter ziemlich seltsamen Umständen dazu. Als sie eines Tages bei einigen Freunden in deren Haus zu Besuch war, traf sie dort zehn Menschen an, von denen die meisten keine Christen waren. Viele von ihnen hatten Freunde und Verwandte, die an Jesus glaubten und lange Zeit für sie gebetet hatten. Auch ein paar Christen waren darunter, aber sie schienen sich ihrer Errettung nicht recht zu freuen. Als Frances Havergal über alle zehn nachdachte, betete sie: „Herr, schenke mir alle in diesem Haus!"

Frances blieb fünf Tage dort. Bevor sie wegfuhr, hatte Gott ihr Gebet erhört. Alle hatten eine Entscheidung für Jesus getroffen und wollten ihm nachfolgen. Und diejenigen, die schon errettet, aber nicht glücklich dabei waren, gaben dem Herrn Jesus ihr Leben ganz und baten ihn, es zu seiner Ehre zu gebrauchen. Damals schrieb Frances Havergal diese Worte:

„Nimm mein Leben, Jesu, dir übergeb' ich's für und für. Nimm Besitz von meiner Zeit; jede Stund sei dir geweiht.

Nimm du meine Hände an; zeig' mir, wie ich dienen kann. Nimm die Füße, mach sie flink, dir zu folgen auf den Wink.

Nimm die Stimme, lehre mich reden, singen nur für dich. Nimm, o Herr, die Lippen mein, lege deine Worte drein.

Nimm mein Gold und Silber hin, lehr mich tun nach deinem Sinn. Nimm die Kräfte, den Verstand ganz in deine Meisterhand.

Nimm, Herr, meinen Willen du, daß er still in deinem ruh'. Nimm mein Herz, mach hier es schon dir zum Tempel und zum Thron."

Ein anderes bekanntes Lied von Frances ist: „Sein Leben gab er hin für dich". Dies Lied schrieb sie in Deutschland. Eines Tages sah sie einen Spruch an der Wand. Er lautete: „Ich gab mein Leben für dich." Sie begann, über diese Worte nachzudenken, und schrieb bald ein Gedicht auf ein Stück Schmierpapier. Als sie die Worte noch einmal überlas, gefielen sie ihr nicht. Die Zeilen machten kaum Eindruck auf sie, deshalb knüllte sie das Papier zusammen und warf es in den Ofen.

Aber Gott wachte über diesen Worten. Sie sollten noch zu seiner Ehre verwendet werden. Deshalb bewahrte er das Stück Papier davor, daß es verbrannte, wenn es auch der Flamme nahe kam. Frances sah dies und meinte, daß Gott wohl eine besondere Absicht mit dem Gedicht haben müsse. Deshalb holte sie es wieder aus dem Ofen. Mehrere Monate später zeigte sie ihrem Vater das Lied. Der las die Worte sorgsam durch und sagte ihr, sie solle das Gedicht aufbewahren, Gott könne es sicher gebrauchen. Dieses Gedicht wurde dann später vertont. In England und Amerika singen es viele Kinder in der Sonntagsschule.

Vom Vater gelernt

Frances lernte viel von ihrem Vater. Eine der wichtigsten Lektionen, die sie lernte, war, ihr Geld dem Herrn zu geben. Herr Havergal schrieb viele Lieder und verkaufte sie, aber das Geld dafür gab er Gott. Frances hat das von ihm gelernt. Wenn sie für ihre Gedichte Geld bekam, stellte auch sie es Gott zur Verfügung. Frances schrieb nicht nur Gedichte und Lieder, studierte Gesang und gab Gesangsstunden, sie leitete auch Chöre.

Die letzten Jahre

Im Jahre 1873 wurde Frances schwer krank. Deshalb fuhr sie in die Schweiz, um wieder gesund zu werden. Als sie dann nach Hause kam, fand sie zu ihrem großen Erstaunen viele, viele Briefe vor, die inzwischen eingegangen waren. Sie kamen von überallher, die meisten von Menschen, die sie nicht einmal kannte. Sie schrieben ihr, daß ihre Gedichte und Lieder sie sehr erfreut und getröstet hätten, besonders in Zeiten der Not oder wenn der Tod in der Familie eingekehrt war.

Manchmal wurde Frances Havergal gefragt, wie sie es anstelle, so schöne Gedichte zu schreiben. Dann sagte sie, sie könne sich nicht jederzeit nach Belieben hinsetzen und etwas schreiben. Die Gedanken und Worte kämen vom Herrn Jesus, und sie müsse auf ihn warten.

Als das Werk Frances Havergals beendet war, als ihr letztes Gedicht und ihr letztes Lied geschrieben waren, als sie zum letztenmal den Chor geleitet hatte, da nahm sie der Herr Jesus zu sich. Es war am 3. Juni 1879. Sie war erst 42 Jahre alt. Sie hinterließ eine ganze Reihe schöner Gedichte und Lieder, u.a. das auch in Deutschland bekannte Lied „Wie ein Strom von oben aus der Herrlichkeit strömt der Friede Gottes durch das Land der Zeit".

Ira D. Sankey
Eine Stimme für Gott

In 2. Timotheus 3,15 lesen wir: „... weil du von Kindheit an die heiligen Schriften kennst ...“ Auch Ira David Sankey kannte von Kindheit an die Heilige Schrift; er lernte sie von seinen Eltern, die oft geistliche Lieder sangen.

An kalten Winterabenden saßen die Eltern mit ihren neun Kindern um die Feuerstelle herum und sangen altbekannte geistliche Lieder. David, wie er gerufen wurde, hörte sie besonders gern. Als er acht Jahre alt war, verstand er genug von Musik, um die vielen altvertrauten Lieder mitsingen zu können.

Als er siebzehn Jahre alt war, wurde sein Vater Bankpräsident. David besuchte die höhere Schule und genoß eine gute Ausbildung, die viele Jungen in seinem Alter nicht hatten.

Kurz vor dem Besuch der höheren Schule hatte David den Herrn Jesus als seinen Heiland angenommen. Nun arbeitete er eifrig in seiner Kirche mit. Er leitete den Chor, wirkte als Solist und war Leiter der Sonntagsschule. Alle Lektionen bereitete er sorgfältig vor, um alle Fragen, die auftauchen könnten, auch richtig beantworten zu können.

Erste Schritte als Evangeliumssänger

Im Alter von zwanzig Jahren trat Ira D. Sankey in die Armee ein. Dort sang er auch in den Gottesdiensten und half oft dem Feldgeistlichen. An manchen Abenden saßen die Soldaten im Kreis und hörten ihm zu, wenn er evangelistische Lieder sang. 1863 heiratete Sankey ein junges Mädchen, das in seinem Kirchenchor gesungen hatte. Gott gab ihnen drei prächtige Jungen.

David arbeitete im amerikanischen CVJM mit. Dadurch konnte er in vielen Kirchen, bei Konferenzen, Tagungen und auch politischen Versammlungen singen. Er sang nur Evangeliumslieder und nahm niemals Geld.

Einmal nahm er an einer Zusammenkunft des CVJM in Indianapolis teil. Er hörte, daß Moody in einer bestimmten Gebetsversammlung sprechen sollte. Deshalb ging er dorthin. Während des Gottesdienstes sang David das bekannte Lied „Es ist ein Born, draus heilges Blut...". Am Ende des Gottesdienstes kam Moody auf ihn zu und fragte ihn nach seinem Beruf. Sankey antwortete, er stehe in Regierungsdiensten. Darauf erwiderte Moody: „Das werden Sie aufgeben müssen. Seit acht Jahren suche ich nach einem Mann wie Sie."

Zusammenarbeit mit Moody

Ira D. Sankey war zuerst nicht so sicher, ob er seine Arbeit aufgeben sollte. Dann bat ihn Moody, ihn an einer bestimmten Straßenecke zu einer bestimmten Zeit zu treffen. Als Sankey dort hinkam, setzte Moody eine Kiste vor ihn hin und forderte ihn auf, hinaufzusteigen und zu singen. Sankey gehorchte, und in kurzer Zeit hatte sich eine Menge Menschen versammelt. Dann begann Moody zu predigen. Mehr und mehr Leute kamen, so daß Moody zu ihnen sagte, sie sollten zur Oper gehen, dort würde er die Versammlung fortsetzen. Innerhalb weniger Minuten war das große Gebäude voll. Nun entschloß sich Sankey, seine Arbeit bei der Regierung aufzugeben und mit Moody in seinen Evangelisationsversammlungen zusammenzuarbeiten.

Während diese beiden Männer in Chicago waren, besuchten sie die Kranken, hielten mittags Gebetsstunden und abends Massenversammlungen ab.

Am Sonntagabend, den 8. Oktober 1871, waren Sankey und Moody mitten in einer großen Versammlung, als sie plötzlich die Sturmglocken unzähliger Feuerwehrwagen hörten. Es war das große Feuer in Chicago, das viele Häuser einäscherte. Die Versammlung wurde sofort abgebrochen, und die Menschen rannten nach Hause und auf freie Plätze, um dem Feuer auszuweichen.

Moody und Sankey wurden getrennt. Sankey verbrachte die ganze Nacht auf einem Boot auf dem Michigansee. Von dort aus mußte er die Zerstörung der großen Stadt mitansehen. Zwei Monate vergingen, bevor die beiden Männer wieder zusammentrafen. Dann begannen sie erneut mit ihren Versammlungen in Chicago. Diesmal fanden sie keine feste Unterkunft. Sie schliefen in der Kapelle, wo die rauhen Winde und manchmal auch Schnee hereinwehten.

Ein Musikfreund von Ira Sankey bot ihm eine vollzeitliche Stellung mit einem sehr guten Gehalt an, wenn er bereit wäre, mit ihm zu reisen und in Konzerten zu singen. Es war ein verlockendes Angebot für Sankey, aber als Christ, der sich seinem Herrn Jesus Christus völlig ausgeliefert hatte, wollte er diese Tätigkeit nicht annehmen. Sein Leben gehörte Gott; deshalb entschloß er sich, weiter mit Moody zusammenzuarbeiten und das Evangelium in seinen Liedern zu verkündigen.

Obwohl diese beiden Männer sehr verschieden waren, konnte Gott ihren Dienst gebrauchen. Moodys Predigten erschreckten die Zuhörer oft und rüttelten sie auf; Sankeys Lieder dagegen besänftigten und trösteten sie.

Sankey reiste auch mit Moody zusammen nach Europa, wo viele Leute in die Versammlungen kamen und an Jesus gläubig wurden. Während sie eine evangelistische Versammlung abhielten, wurden sie schon zur nächsten eingeladen. Auf diese Weise reiste das Moody-Sankey-Team von einem Land zum andern, der eine predigte, der andere sang. Sie hatten oft sehr wenig Zeit zur Ruhe, aber sie hielten durch, weil sie Gott den ersten Platz in ihrem Leben gegeben hatten und Menschen für den Herrn Jesus gewinnen wollten.

Manchmal kam es vor, daß die Leute zu weinen anfingen, während Sankey sang. Manchmal wurden sie froh und dankbar. Aber immer wurden sie gesegnet. Jemand, der ihn eines Tages singen gehört hatte, meinte: „Das ist die überzeugendste Predigt, die ich je gehört habe."

Ira D. Sankey, der Predigtsänger mit der schönen, klaren Baritonstimme, starb am 13. August 1908 und ging zu seinem Herrn.

Martin Luther
Reformator der Kirche

Martin Luther wurde als erstes Kind von Hans und Margareta Luther am 10. November 1483 zu Eisleben in Sachsen geboren. Tags darauf fand die Taufe statt. Da dies der St. Martinstag war, nannten ihn seine Eltern Martin.

Die Familie Luther war sehr arm. Vater und Mutter mußten hart arbeiten, um die Kinder zu ernähren und zu kleiden und ihnen außerdem noch eine gute Ausbildung zu ermöglichen. Der kleine Martin bekam noch sechs weitere Geschwister.

Schüler in großer Armut

Mit fünf Jahren besuchte Martin die Lateinschule in Mansfeld, wo er bis zu seinem 13. Lebensjahr blieb. Dort lernte er neben dem Lesen und Schreiben auch Latein. Mit 14 wechselte er die Schule und zog in die benachbarte Stadt Magdeburg. Da ihm seine Eltern kein Geld schicken konnten, mußte er dort das erste Jahr über seinen Unterhalt durch Singen und Betteln verdienen.

Eisenach wurde die nächste Station. Auch hier mußte Martin zunächst betteln, bis sich Frau Ursula Cotta, eine ältere, wohlhabende Dame, seiner annahm und ihm in ihrem Haus Unterkunft bot. Er war ihr aufgefallen, als er mit anderen singend und bettelnd durch die Straßen gezogen war. Martin blieb vier Jahre bei ihr und beendete seine Schulausbildung. Dorte lernte er auch das Flöten- und Lautenspiel. Oft spielte er Frau Cotta, die eine große Musikliebhaberin war, auf diesen Instrumenten vor.

Ursula Cotta liebte den jungen Luther wie ihren eigenen Sohn und tat ihm viel Gutes.

Als er 18 Jahre alt war, ging es seinem Vater finanziell etwas besser, und er beschloß, seinen Sohn studieren zu lassen. Zu diesem Zweck schickte er ihn an die Universität nach Erfurt. Er sollte sich der Rechtswissenschaft widmen und Jurist werden.

Studienjahre

Martin war ein liebenswerter, fröhlicher, redseliger junger Mann. Besonders seine Fähigkeiten im Singen und Instrumentenspiel machten ihn bei seinen Mitstudenten beliebt.

In rascher Folge machte Luther seine Examen. 1502 wurde er Bakkalaureus* und 1505 Magister, und zwar als zweitbester unter 17 Studenten.

Mit zu den größten Ereignissen seines Lebens gehörte es, als er in der Universitätsbibliothek zum erstenmal eine Bibel in die Hand bekam. Begierig las er darin. Während er, dem Wunsch seines Vaters entsprechend, sein Jurastudium fortsetzte, widmete er nebenbei viel Zeit dem Studium der Heiligen Schrift. Er suchte die Wahrheit über Gott mit seinem ganzen Herzen.

Im Hause der Familie Luther war es immer sehr streng zugegangen. Die Eltern hatten ihre Kinder gottesfürchtig erzogen. Von klein an kannten sie das

---

* Im Mittelalter niedrigster akademischer Titel

Apostolische Glaubensbekenntnis, die Zehn Gebote, das Vaterunser und ein paar Lieder und Choräle. Damals wurde allgemein gelehrt, daß man begangene Sünden selber abbüßen müsse – entweder durch Bußübungen oder gute Werke. Weil die eigenen Bemühungen nicht ausreichten, sollte man die Heiligen im Himmel und Maria, die Mutter Jesu, um Hilfe anrufen. Sie sollten Jesus bitten, mit den Sündern nachsichtig zu sein.

Im Kloster

Gegen Ende seines Studiums an der Universität trat in Luthers Leben plötzlich eine Wende ein. Der Tod eines Freundes hatte ihn tief getroffen. Kurze Zeit später geriet er auf freiem Feld in ein furchtbares Gewitter, wobei ein weiterer Freund neben ihm vom Blitz erschlagen wurde. In seiner großen Not und Todesangst rief er: „Hilf, heilige Anna! Ich will ein Mönch werden!" Er bereute zwar hinterher sein Gelübde, fühlte sich aber daran gebunden. Bald danach trat er in das Augustiner-Kloster in Erfurt ein und erhielt den Namen Augustinus. Er hatte nicht die Absicht, seinen Entschluß rückgängig zu machen. Dennoch warteten seine Freunde zwei Tage lang vor der Klosterpforte in der Hoffnung, er würde seinen Sinn ändern. Auch sein Vater, der seinen Sohn gern als Jurist gesehen hätte, mißbilligte die Entscheidung aufs heftigste.

Luther befolgte das dreifache Gelübde der Armut, der Keuschheit und des Gehorsams, das er bei seinem Eintritt ins Kloster abgelegt hatte, so eifrig, daß es ihm nichts ausmachte, betteln zu gehen. Als das die Professoren und Studenten der Universität sahen, erhoben sie Einspruch dagegen, daß sich ein so berühmter Student und bekannter Magister derart erniedrigte. Sie erreichten auch, daß Luther von jetzt an nur noch auf dem Land betteln dürfte, nicht aber in den Straßen der Stadt.

Im Jahre 1507 wurde Luther zum Priester geweiht und erhielt ein eigenes Studierzimmer. Unter seinen Geschenken, die er erhielt, als er seine erste Messe zelebrierte, befand sich auch eine in rotes Leder gebundene Bibel. Eifrig studierte er darin, denn immer noch suchte er nach der Wahrheit. Manchmal fastete er mehrere Tage lang, weil er hoffte, dadurch den ersehnten Herzensfrieden zu bekommen. Aber es war umsonst.

Doch Gott wachte über ihm. 1508 wurde er im Alter von 25 Jahren aufgrund seiner außerordentlichen Fähigkeiten als Professor der Philosophie an die neugegründete Universität Wittenberg gesandt. Während seines dreijährigen Aufenthalts im Kloster hatte er Griechisch und Hebräisch gelernt. Man sagt, kein Theologe seiner Generation habe eine so sorgfältige Ausbildung erhalten wie Martin Luther. Gott war im Begriff, eine starke Persönlichkeit zu einem Werkzeug in seiner Hand zu machen.

Die Vorlesungen Martin Luthers über die Bibel waren interessant und verständlich. Deshalb fanden sie regen Zuspruch. Seit vielen Jahren waren nur die Priester in der Lage, die Heilige Schrift zu lesen. Bei seiner Vorbereitung auf eine seiner Vorlesungen fiel ihm besonders ein Vers aus dem Römerbrief in die Augen. Dort heißt es: „Der Gerechte aber wird aus Glauben leben" (Römer 1,17). Lange verschüttete biblische Wahrheiten wurden ihm nach und nach geoffenbart.

Durch sein Forschen und Studieren in der Schrift erkannte Luther, daß in der bestehenden Kirche vieles im argen lag. Zusammen mit einem anderen Mönch reiste er in Angelegenheiten seines Ordens nach Rom, in die „Ewige Stadt". Als er nach sechswöchigem Fußmarsch das Ziel vor sich sah, fiel er auf die Erde, hob seine Hände empor und sprach: „Sei gegrüßt, du heiliges Rom!" Er hielt die Stadt für „rechtschaffen heilig" und sündlos.

Aber gleich von Anfang an sah er Dinge, die ihn bekümmerten und entsetzten. Dennoch besuchte er alle für die Pilger vorgeschriebenen Stationen. Unter anderem erklomm er auch die sogenannte Pilatustreppe, die „Scala Sancta", die heilige Treppe, um dadurch seine Sünden abzubüßen.

Während er auf den Knien diese Treppe erklomm, hörte er eine Stimme: „Der Gerechte aber wird aus Glauben leben."

Diese Wahrheit wurde später die Hauptlehre der Reformation – die Lehre von der Rechtfertigung allein aus Glauben.

Später sagte Luther über die Stadt Rom: „Rom ist eine Hure. So groß und anmaßend ist die römische Gottlosigkeit, daß man weder Gott noch Menschen, weder Sünde noch Schande fürchtet. Alle guten Menschen, die Rom gesehen haben, bestätigen das. Alle Bösen kommen noch schlimmer zurück, als sie zuvor waren."

Gott hatte Martin Luther die Augen für die Wirklichkeit geöffnet. Als er die Dinge im rechten Licht sah, wich er weder zurück noch wartete er, welchen Weg seine Mitbrüder im Kloster einschlagen würden; er ging seinen Weg mit Christus mutig vorwärts.

Vorlesungen in Wittenberg

Nach Wittenberg zurückgekehrt, nahm er seine Vorlesungen wieder auf. In seinem Herzen brannte das Wort der Bibel: „Der Gerechte aber wird aus Glauben leben." Er wurde Dekan der theologischen Fakultät und dann Doktor der Theologie. Zunächst hatte er gezögert, diesen akademischen Grad anzunehmen, später war er jedoch dankbar dafür, denn dadurch hatte er das Recht, die Bibel so auszulegen, wie er sie sah.

Mit neuem Eifer wandte er sich seiner Lehrtätigkeit zu. Immer mehr Zuhörer fanden sich ein. Hier hörten sie das Wort Gottes auf eine ganz neue und ungewohnte Weise. Dabei sprach Luther mit klaren und einfachen Worten.

Martin Luther scheute sich nicht, die Lehren der Kirche in Frage zu stellen, wann immer er sah, daß sie dem Wort Gottes widersprachen. Bald begann er auch, den Mönchen in einer alten Kapelle zu predigen. Das war der Ausgangspunkt der Reformation.

Endlich Frieden mit Gott!

Beim Studium der Bibelstellen über die Gerechtigkeit Gottes erkannte Luther, daß ihm das Heil seiner Seele und der heißersehnte Friede mit Gott nur im Glauben an Jesus Christus geschenkt würde. Er wurde ein neuer Mensch in Jesus Christus und war nicht mehr Sklave der katholischen Kirche und des Papstes. Die Bibel wurde ihm mit jedem Tag kostbarer; sie wurde zum Mittelpunkt seiner Predigt und Lehre. Von der Heiligen Schrift sagte er: „Was die Weide für die Herde, das Haus für den Menschen, das Nest für den Vogel, der Felsen für die Gemse, das Wasser für den Fisch, das ist die Bibel für die gläubige Seele."

Zur selben Zeit, als Luther seine wunderbare Wiedergeburt durch den Glauben erlebte, bereicherten sich andere Priester durch den Verkauf von Ablaßbriefen*. Der Ablaßprediger Tetzel und seine Genossen sollen in ihren Versammlungen gerufen haben: „Sobald das Geld im Kasten klingt, die Seele aus dem Fegfeuer springt."

Der berühmte Thesenanschlag

Dazu konnte Luther nicht schweigen. Er hatte erkannt, daß der Mensch allein durch den Glauben errettet wird, und predigte nun kühn in aller Öffentlichkeit gegen den Ablaßhandel. Viele, die ihn hörten, waren bestürzt, andere verärgert, wieder andere empört. Acht Monate später, am 31. Oktober 1517, schlug Luther an der Tür der Schloßkirche zu Wittenberg seine berühmt gewordenen „fünfundneunzig Thesen" an. Dabei handelte es sich um eine Liste von Kernsätzen im Blick auf das Ablaßunwesen, wodurch er eine Disputation herausfordern wollte. Er hatte gepredigt, daß die Rechtfertigung aus Glauben geschehe. Wenn das stimmte, dann konnte der Ablaß keine entscheidende Rolle mehr spielen. Kurz zusammengefaßt besagen die Thesen: Vergebung der Sünden geschieht durch Buße und den Glauben an die Erlösung, die Jesus Christus am Kreuz vollbrachte. Ablaßgelder können die Seele nicht von der Strafe für die Sünden befreien. Der Thesenanschlag war im eigentlichen Sinn der Beginn der Reformation.

Die Hauptsätze der Reformation lauteten: 1. Die

---

* Ablaß bedeutet, daß die Sünden durch die Bezahlung eines Geldbetrages erlassen werden.

Bibel ist die maßgebende Autorität für das Leben eines Christen. 2. Um Christ zu werden, sind kein Geld, gute Werke oder ähnliches erforderlich, sondern der Glaube. 3. Alle Gläubigen sind Priester, nicht nur die von der Kirche dazu verordneten Theologen.

Der Scheiterhaufen droht

Nach Veröffentlichung der Thesen stellte Luther fest, daß viele Katholiken genauso gedacht hatten wie er, aus Furcht jedoch geschwiegen hatten. Luther war jetzt in Gefahr, auf dem Scheiterhaufen verbrannt zu werden, weil er es gewagt hatte, „die Macht des Papstes, Sünden zu vergeben, zu bezweifeln". Der Bischof von Brandenburg soll, als er einmal ein Holzscheit ins Feuer warf, gesagt haben: „Ich will mein Haupt nicht eher zur Ruhe legen, als bis ich Martin Luther ins Feuer geworfen habe wie dieses Scheit."

Als der Papst dann erfuhr, daß Luther beileibe kein deutscher Trunkenbold, sondern Mönch und Universitätsprofessor war, forderte er ihn auf, sich innerhalb von 60 Tagen in Rom zum Verhör zu stellen. Seine Freunde unterstützen ihn dann in dem Bemühen, daß seine Sache statt in Rom in Deutschland untersucht werde, und versprachen, die dadurch entstehenden hohen Kosten zu übernehmen. Das Verhör fand dann auch mit Zustimmung des Papstes in Augsburg statt.

Luther ließ sich jedoch im Verhör vor dem Kardinal nicht dazu bewegen, seine Lehre zu widerrufen, es sei denn, er habe in irgendeinem Stück falsch gelehrt.

Vergeblich bestand der Kardinal auf seiner Forderung. Nach mehreren erfolglosen Zusammenkünften wurde Luther schließlich mit der Weisung entlassen, sich ja nicht vor dem Papst blicken zu lassen, es sei denn, er wäre bereit zu widerrufen.

Auswirkungen der Schriften Luthers

Die Schriften Martin Luthers wurden immer weiter verbreitet. Die Worte schienen ihm leicht aus der Feder zu fließen; er sagte einmal, sie schrieben sich wie von selbst. Wir wissen, daß er sie unter der Leitung des Heiligen Geistes schrieb. Deshalb hatten sie eine so große Wirkung.

Im Jahre 1520 schrieb er mehrere Dokumente, die seine Stellung zur katholischen Kirche klar umrissen. Im Hinblick auf ihre Auswirkungen zählen sie zu den bedeutendsten Dokumenten der Geschichte.

Luther brachte in seiner Predigt und in seinen Schriften klar zum Ausdruck, daß der Papst weder die höchste Autorität der Kirche noch Unfehlbarkeit besitze. Auch machte er kein Hehl daraus, daß er das wahre Licht, den Herrn Jesus Christus, gefunden und mit der Kirche Roms endgültig gebrochen habe. Keinen Millimeter wich er von seinen Überzeugungen ab.

Die Folge war, daß viele Mönche das Kloster, wo Luther lehrte, verließen und ins bürgerliche Leben zurückkehrten, wo sie dann ihre ganze Zeit und Kraft für die Sache des Herrn Jesus Christus einsetzten. Andere Klöster folgten ihrem Beispiel. Auch zahlreiche Frauenklöster standen bald leer, weil viele Nonnen aus ihrem Orden austraten.

Immer wieder wurde Luther vor die Kirchenführer zitiert, weil sie feststellen wollten, ob er seine „ketzerischen" Ansichten noch nicht geändert habe. Jedesmal gab Luther ein klares Zeugnis für seinen Glauben an Jesus Christus als seinen alleinigen Retter und Herrn.

Eines Tages wurde der Wagen, in dem Luther unterwegs war, von bewaffneten Reitern überfallen. Ein Mantel wurde ihm über den Kopf geworfen, damit er unter keinen Umständen sehen sollte, wohin er gebracht würde.

Dieser Überfall war jedoch von Freunden, die um sein Leben fürchteten, vorgetäuscht worden. Sie entführten ihn auf die Wartburg bei Eisenach. Nur der Burgverwalter wußte, um wen es sich bei dem neuen Gast handelte. Die übrigen Bewohner hielten ihn für einen Junker, denn er mußte sich entsprechend verkleiden. Die Außenwelt sollte denken, er sei umgekommen.

Diese Gefangenschaft lag zweifellos in Gottes Plan, denn hier hatte „Junker Jörg", früher Martin Luther, viel Zeit zur Besinnung und zum Schreiben. Er war nicht nur ein Meister der deutschen Sprache, sondern beherrschte auch ausgezeichnet das Lateinische, Griechische und Hebräische. In einem Zeitraum von weniger als drei Monaten übersetzte er das ganze Neue Testament ins Deutsche. Es wurde sofort gedruckt und unter das Volk gebracht. Dann begann Luther mit der Übersetzung des Alten Testaments. Aber erst nach seiner Rückkehr nach Wittenberg konnte die ganze Bibel in deutscher Sprache für den Druck fertiggestellt werden.

Nach einem knappen Jahr Wartburgaufenthalt kehrte Luther endlich nach Wittenberg zurück, wo er dringend gebraucht wurde. Sofort übernahm er wieder die Verantwortung, predigte, lehrte und begründete seine Darlegungen anhand der Heiligen Schrift.

Luther gründet eine Familie

Ein besonderes Problem war das Eheverbot für Nonnen und Priester. Allmählich erkannten viele, daß dieses Gebot zu Unrecht bestand, und heirateten, nachdem sie aus der katholischen Kirche ausgetreten waren. Auch Luther selbst legte später das Mönchsgewand ab und heiratete am 13. Juni 1525 Katharina von Bora, eine ehemalige Nonne. Auf den Trauringen der beiden war der Vers eingraviert: „Was Gott zusammengefügt hat, soll der Mensch nicht scheiden."

In den Mauern des alten Augustinerklosters, das fast leer stand, richteten sie ihre Wohnung ein. Gott schenkte ihnen fünf Kinder. Einer von Luthers Söhnen, Hans, studierte später Jura; ein anderer Sohn, Paul, wurde Arzt. Der sehnliche Wunsch des Vaters, daß eines seiner Kinder in seine Fußstapfen treten würde, erfüllte sich nicht. Sein Sohn Martin, der mit dem Theologiestudium begonnen hatte, starb vor Beendigung seiner Studien.

Durch die Ehe wurde der feurige Geist des Reformators besänftigt. In seiner Rolle als Ehemann und Vater kam sein edler Charakter am deutlichsten zum Ausdruck.

Die Ordnung des Gottesdienstes

Das größte Werk Luthers war zweifellos die Reformation; aber auch auf anderen Gebieten leistete er Hervorragendes, so zum Beispiel auf dem Gebiet der deutschen Sprache, als Liederdichter und Musiker. In den harten, schweren Jahren, als die Reformation noch in den Anfängen steckte, schrieb er den später weltbekannten Choral „Ein feste Burg ist unser

Gott". Aber er dichtete nicht nur viele Choräle, sondern gab auch selber das erste Gesangbuch heraus und führte den Gemeindegesang in den Gottesdienst ein. Bis dahin hatte es keine Liederbücher gegeben, und die Gemeinde hatte nie im Gottesdienst gesungen.

Luther entwarf auch ein Programm, nach dem sich die Pastoren richten sollten. Neben seinen Gesangbüchern fand es weite Verbreitung. Zum Herz- und Kernstück des Gottesdienstes machte er die Predigt.

Dr. Martin Luther ist auch oft „der Vater der Volksschulen" genannt worden. Er erkannte als erster, daß, wenn die einfachen Leute, die Bauern, nicht lesen und schreiben können, sie auch in ihrem geistlichen Leben nicht weiterkämen. Er entwarf einen Lehrplan, nach dem die Jugend unterrichtet werden sollte. Dadurch hatte er einen wesentlichen Anteil daran, daß dem gewöhnlichen Volk eine entsprechende Schulbildung ermöglicht wurde.

Luthers Tod

Im Jahre 1527 erkrankte Luther schwer und meinte, seine Todesstunde sei gekommen. Er erholte sich jedoch wieder und durfte noch bis zum Jahre 1546 für den Herrn wirken. In jenem Jahr unternahm er im Winter (23. Januar) eine Reise, obgleich er sich nicht wohl fühlte. In Eisleben verschlechterte sich sein Zustand. Trotzdem predigte er viermal, feierte zweimal das Abendmahl und führte zwei Pfarrer in ihr Amt ein. Im Februar verschlimmerte sich seine Krankheit zusehends . Da wußte er, daß seine Zeit nur noch knapp bemessen war.

„Stirbst du fest in dem Glauben, den du gelehrt hast?" fragte man ihn auf dem Sterbebett.

„Ja", antwortete er.

Am 18. Februar 1546, zwischen zwei und drei Uhr morgens, ging er zu seinem Herrn, den er so sehr geliebt hatte.

Dr. Martin Luther war tot, aber sein Werk ging weiter, und die Auswirkungen davon reichen bis in unsere Zeit herein.

James Hudson Taylor

Der Gründer der China-Inland-Mission

Schon lange bevor Hudson Taylor geboren wurde, hatten ihn seine Eltern Gott geweiht. Sie kannten das Wort aus 2. Mose 13: „Du sollst dem Herrn alle Erstgeburt weihen." Sie wußten, damit war nicht nur das Vieh, die Ernte oder das Geld gemeint, sondern alles in ihrem Haus und jedes Glied ihrer Familie. Am 21. Mai 1832 wurde ihnen in Yorkshire, England, ein Sohn geboren. Er erhielt den Namen James Hudson Taylor.

Von frühester Jugend an nahmen die Eltern den kleinen Hudson mit zum Gottesdienst. Als Erwachsener konnte er sich noch gut daran erinnern, daß seine Großeltern immer hinter ihm und seinen Eltern gesessen hatten.

Was Hudson früh lernte

Den ersten Unterricht erhielt Hudson Taylor bereits im Elternhaus. Noch ehe er vier Jahre alt war, lehrte ihn die Mutter lesen und schreiben, und der Vater brachte ihm damals schon das hebräische Alphabet bei.

Wie viele andere Kinder spielte Hudson mit seinem Bruder und seiner Schwester „Gottesdienst". Der Sessel des Vaters diente als Kanzel. Das Lieblingsthema der Kinder war die Finsternis in den Heidenländern. Davon hörten sie zu Hause und im Gottesdienst immer wieder.

„Wenn ich einmal groß bin", pflegte Hudson zu sagen, „werde ich Missionar und gehe nach China."

Im Haus der Familie Taylor war es üblich, daß sich die Kinder ihr Taschengeld verdienen mußten. Hudsons Eltern waren der Auffassung, ihre Kinder sollten möglichst früh den Wert des Geldes kennen und richtig begreifen lernen. Darum übertrugen sie ihnen kleinere Arbeiten in Haus und Hof.

Eines Tages kam ein Jahrmarkt in die Stadt. Hudson hatte einen ganzen Penny gespart, der ihm wie ein richtiges Vermögen vorkam. Er beschloß, das Geld auf dem Markt auszugeben. Als er jedoch voller Erwartung hinkam, mußte er feststellen, daß zu dem Jahrmarktsgelände nur Zutritt erhielt, wer zuvor ein Eintrittsgeld entrichtete. Er nahm seinen Penny und ging zu dem Kartenverkäufer. Aber der schüttelte bloß den Kopf. Der Eintritt kostete zwei Pennies.

„Ich habe keine zwei Pennies", sagte Hudson. „Aber ich gebe Ihnen diesen einen, wenn Sie mich hineinlassen. Es ist doch besser, Sie bekommen meinen einen Penny als überhaupt nichts?"

Aber der Mann ließ sich nicht erweichen, und dem kleinen Hudson blieb nichts anderes übrig, als wieder nach Hause zurückzukehren. Auf dem Weg weinte er bitterlich.

Als seine Mutter zu Hause seinen Kummer sah, übertrug sie ihm eine kleine Arbeit, womit er sich einen weiteren Penny verdienen konnte; so kam er schließlich doch noch auf den Jahrmarkt. Dieses Kindheitserlebnis verhalf Hudson Taylor dazu, daß er nie den Wert des Geldes vergaß.

Die Kinder der Familie Taylor wurden so streng erzogen, daß sie nie um Speisen, die auf dem Tisch standen, bitten oder gar selbst nehmen durften. Sie mußten warten, bis die Mutter ihnen ausschöpfte. Als einmal Gäste zum Essen eingeladen waren, wurde Hudsons Teller beim Ausschöpfen übersehen. Eine Weile saß der Junge da, ohne etwas zu sagen. Als dann im Gespräch der Erwachsenen eine Pause eintrat, bat er darum, man möge ihm das Salz reichen.

Der Gast, der ihm am nächsten saß, sah auf Hudsons leeren Teller und sagte: „Wofür brauchst du denn Salz?"

Der Junge erwiderte: „Ich brauche es, sobald mir meine Mutter etwas zu essen gibt."

Die Kerzenstummel

Der kleine Hudson las für sein Leben gern. Oft, wenn es ihm nicht gelungen war, ein Buch bei Tageslicht auszulesen, hätte er gern am späten Abend weitergeschmökert. Aber dann kam stets seine Mutter ins Zimmer, steckte ihn ins Bett und nahm ihm die Lampe weg.

Eines Tages entdeckte Hudson eine besonders spannende Geschichte. Er erinnerte sich, daß sein Vater Kerzenstummel aufbewahrte, um sie später im Keller noch verwenden zu können. Nie würde herauskommen, wenn er ein paar von diesen Kerzenstummeln wegnähme! Dann könnte er sie anzünden und im Bett lesen.

An diesem Abend tauchte noch, kurz ehe er zu Bett gehen wollte, Besuch auf. Hudson hatte schon die Stummel in seiner Hosentasche versteckt und ging nur noch ins Wohnzimmer, um Gute Nacht zu sagen. Aber der Besucher, der Kinder gern hatte, begrüßte ihn freundlich, hob ihn aufs Knie und begann, ihm eine Geschichte zu erzählen.

So sehr Hudson sonst derlei Geschichten mochte, heute zappelte er unruhig auf dem Schoß des Mannes hin und her und gähnte fortwährend. Sobald die Geschichte zu Ende war, versuchte er, sich davonzumachen. An die Kerzen in seiner Hosentasche mochte er gar nicht denken; hoffentlich schmolzen sie nicht, denn er saß ganz dicht am Feuer. Gerade als ihn der Mann freigeben wollte, sagte die Mutter, es sei noch früh, er könne noch etwas aufbleiben.

Daraufhin erzählte der Mann eine neue Geschichte. Wieder zappelte und gähnte der kleine Hudson. Endlich gelang es ihm, sich freizumachen. Der Besucher war ziemlich enttäuscht, und die Eltern aufs äußerste überrascht. Als Hudson in sein Zimmer schlüpfte, folgte ihm seine Mutter heimlich. Sie fand einen weinenden Jungen mit einer Tasche voller geschmolzener Kerzenstummel vor. Auch dies war ein Erlebnis, das Hudson Taylor nie vergessen hat.

Ein kränkliches Kind

Da Frau Taylor gleichzeitig die Lehrerin ihrer Kinder war, wachte sie sorgfältig darüber, daß diese ihre Lehrbücher studierten. Jedesmal, wenn sie auf ein Wort stießen, das sie nicht verstanden, mußten sie es im Wörterbuch nachschlagen.

Auch die Pünktlichkeit war etwas, was Hudson von seinen Eltern lernte. Der Vater pflegte zu sagen: „Wenn von fünf Leuten jeder eine Minute warten muß, begreifst du nicht, daß dadurch insgesamt fünf Minuten unwiderbringlich verloren sind?"

In seinem geistlichen Leben wurde der junge Taylor besonders von seinem Vater ermutigt und gestärkt. In seinen jungen Jahren mußte er täglich ins Zimmer seines Vaters kommen, wo gebetet und die

Bibel gelesen wurde. Der Vater lehrte Hudson auch, eine persönliche Stille Zeit zu halten. Schon damals lernte er, am Morgen vor dem Frühstück und noch einmal am Abend im Wort Gottes zu lesen und zu beten.

Weil Hudson oft krank war, konnte er die Schule nicht besuchen und erhielt dadurch keine geregelte Ausbildung. Aber die Unterrichtsstunden mit seiner Mutter waren systematisch aufgebaut. Die Folge davon war, daß er viel mehr konnte als seine Altersgenossen, die die öffentliche Schule besuchten.

Vaters Liebe zu den Chinesen

Im Hause Taylor war die Mission immer wieder Thema des Gesprächs und der Gebete. Besonders China lag Hudsons Vater sehr am Herzen. Er redete viel über dieses Land und betete immer wieder für die Chinesen.

Als Hudson sieben Jahre alt war, beging man einen besonderen Missionsgedenktag; eine Missionskollekte wurde abgehalten und viel für die Missionare gebetet. Nach dieser Feier stellte Hudsons Vater fest, daß zwar viele neue Missionare ausgesandt worden seien, aber kein einziger für China. Von diesen Worten sowie einem Buch von Peter Parley mit dem Titel „China" wurde Hudson Taylor sehr beeindruckt. Seine Eltern hatten jedoch die Hoffnung aufgegeben, daß Hudson Missionar werden könnte, weil er so oft krank war.

Abwendung von Gott

Als Hudson älter wurde, schien sich sein Gesundheitszustand zu bessern, so daß er eine Schule besuchen konnte. Dort vermißte er nicht nur die geistliche Atmosphäre, wie er sie von zu Hause gewöhnt war, sondern die Geschäftigkeit des Schulbetriebs hatte zur Folge, daß er für Gebet und Bibellesen keine Zeit mehr hatte. Deshalb ging es in seinem geistlichen Leben auch immer mehr bergab.

Zwischen 11 und 17 Jahren führte Hudson Taylor ein unstetes Leben. Mit 15 Jahren bot man ihm die Stelle eines zweiten Buchhalters bei einer Bank an. Hier hatte er es nicht leicht – nicht nur, weil die Arbeit neu für ihn war, sondern auch wegen der neuen Freunde, die er dort kennenlernte. Die meisten von ihnen lachten über seinen Glauben und seine altmodischen Ansichten. Auch fing er an, Gefallen an weltlichem Besitz zu finden.

Aber Gott hielt seine Hand über Hudson Taylor. Eine langwierige Augenkrankheit zwang ihn, die Stelle bei der Bank aufzugeben. Er kehrte nach Hause zurück, um seinem Vater bei der Arbeit zu helfen. Da er sich aber von Gott abgewandt hatte, fiel es ihm schwer, mit seinen Eltern ernste Gespräche zu führen. Etwas leichter war es, mit seiner Schwester Emilia zu sprechen, die mittlerweile 13 Jahre alt geworden war. Emilia beschloß, dreimal täglich für ihren Bruder zu beten. Sie nahm die Sache so ernst, daß sie in ihr Tagebuch schrieb, sie werde nicht eher aufhören, für ihn zu beten, bis er sich Gott wieder zugewandt hätte.

Das Gebet der Mutter

Eines Tages, als die Mutter ausgegangen war, ging Hudson in das Arbeitszimmer seines Vaters, um sich ein paar Bücher zu holen. Es schien, als könne er nichts finden, deshalb wandte er seine Aufmerksamkeit einem Korb voller Traktate zu. Er stöberte darin und nahm schließlich ein Blatt zur Hand.

Genau zur gleichen Zeit stand seine Mutter, die bei einer über hundert Kilometer entfernt wohnenden Freundin zu Besuch weilte, vom Abendbrottisch auf und ging in ihr Zimmer. Sie verriegelte die Tür in der Absicht, nicht eher wieder von ihren Knien aufzustehen, als bis sie wüßte, daß ihre Gebete für ihren Sohn erhört wären. Stunde um Stunde bestürmte sie Gott im Gebet, bis sie mit einemmal die Gewißheit bekam, daß ihr Gebet erhört war. Da begann sie, Gott für die Bekehrung ihres Sohnes zu danken.

Zu Hause hatte sich Hudson mittlerweile entschlossen, das Traktat zu lesen. Ich will bloß die Geschichte lesen. Wenn ich zum Predigtteil komme, höre ich auf, dachte er bei sich. Bald mußte er aber feststellen, daß er nicht nur die Geschichte verschlungen, sondern auch die Predigt gelesen hatte. Das Traktat handelte von Jesus, der sein Leben freiwillig für die ganze Welt hingegeben hatte.

Plötzlich kam Hudson ein seltsamer Gedanke. Wenn Jesus für jeden Menschen in der Welt gestorben war, dann sollte auch jeder davon wissen. Das bedeutete doch, daß jemand da sein mußte, der es weitersagte. Er fiel auf die Knie und übergab sich dem Herrn Jesus.

Als die Mutter von der Reise zurückkehrte, trat ihr Hudson entgegen, um ihr von seiner Bekehrung zu berichten.

„Ich weiß", waren die einzigen Worte, die seine Mutter vor innerer Bewegung herausbrachte.

Hudson dachte, seine Schwester Emilia habe ihr Versprechen gebrochen und ihrer Mutter von seinem Erlebnis erzählt. Die Mutter aber versicherte ihrem Sohn, daß dies nicht zutraf. Gott hatte ihr die Gewißheit der Gebetserhörung gegeben.

Große Veränderungen

Nachdem Hudson Taylor sein Herz und Leben Gott geschenkt hatte, trat ein deutlicher Wandel in seinem Leben ein – nicht nur in seinem Verhalten gegenüber seinen Hausgenossen, sondern auch in seiner Haltung den Nöten anderer gegenüber.

Als er eines Tages lange gebetet hatte, weihte er Gott sein Leben in besonderer Weise und bat ihn, er möge ihn für einen besonderen Dienst gebrauchen. Von diesem Tag an nutzten er und Emilia die Sonntagabende zum Zeugnisgeben. Bisher war es ihre Gewohnheit gewesen, die Sonntagabendgottesdienste zu besuchen; jetzt fühlten sie sich getrieben, diese Gewohnheit zu opfern, um mit Menschen in Kontakt zu kommen, die man zu anderen Zeiten nicht erreichen konnte.

Vorbereitungen für China

Als Hudson Taylor fast 18 Jahre alt war, bekam er Gewißheit darüber, daß ihn Gott nach China rief. Kurze Zeit später begann er, sich für seine Arbeit auf dem Missionsfeld vorzubereiten. Als erstes versuchte er, seine Gesundheit zu festigen. Er begann mit Turnübungen und verbrachte mehr Zeit draußen in der frischen Luft. Sein Federbett legte er beiseite, um sich an ein rauheres Leben zu gewöhnen. Zu seinen regelmäßigen Pflichten gehörte das Verteilen von Traktaten, Sonntagsschule halten und Arme und Kranke besuchen.

Hudson besaß zwar kein Lehrbuch der chinesischen Sprache, aber ein Exemplar des Lukas-Evangeliums in Chinesisch. Daraus lernte er in vielen Stunden mühseligen Studiums die Grundbegriffe der fremden Sprache. Mit Hilfe seines Vaters brachte er es schließlich so weit, daß er an die 500 chinesische Schriftzeichen schreiben und lesen konnte.

Mit 19 Jahren verließ Hudson das Elternhaus, um sich medizinische und chirurgische Kenntnisse zu erwerben, weil er überzeugt war, daß ihm dies auf dem Missionsfeld von Nutzen sein werde. Er war so erpicht darauf, endlich die Reise antreten zu können, daß er beschloß, eine Arbeit anzunehmen, um sich für die Seereise das Geld zu verdienen.

Gefährliche Schiffsreise

Schließlich kam der ersehnte Tag. Hudson ging an Bord eines Schiffes, das nach China auslaufen sollte. Es war ein Segelschiff und deshalb auf starke, günstige Winde angewiesen. Eines Tages, als sie sich mitten auf dem Ozean befanden, hörte der Wind auf zu blasen.

Der Kapitän sagte zu Hudson Taylor: „Wir haben alles Menschenmögliche getan."

„Nein", erwiderte Taylor. „Auf dem Schiff befinden sich vier Christen. Wir wollen Gott bitten, daß er uns sofort Wind schickt."

Die vier Männer gingen in ihre Kabine und fingen an zu beten. Bald kam ein starker Wind auf, und das Schiff begann, sich wieder zu bewegen. Alle an Bord staunten – nur nicht die vier Männer, die gebetet hatten. Sie wußten, Gott war auch der Herr über die Elemente.

Die Fahrt verlief alles andere als einfach. Im Gegenteil, sie endete fast verhängnisvoll. Das Schiff hatte gegen die stürmische See zu kämpfen, geriet in einen Wirbelsturm und in orkanartige Schneestürme. Aber schließlich erreichte es doch nach fünfeinhalb Monaten wohlbehalten den Hafen von Shanghai.

Von Anfang an sah sich Hudson Taylor, der gehofft hatte, gleich tüchtig Missionsarbeit treiben zu können, von verschiedenen Seiten in seinem Wirken gehindert. Als zwischen der kaiserlichen Armee und den ausländischen Truppen ein Krieg ausbrach, verschlechterte sich die Lage noch. Für einen Europäer war es gefährlich, ohne Gewehr auszugehen. Das bekümmerte den jungen Missionar, weil er in der Überzeugung nach China gekommen war, daß ihn Gott hierher geschickt hatte, um der Bevölkerung die rettende Botschaft von Jesus Christus, dem Sohn Gottes, zu bringen. Noch andere Dinge trugen zur Entmutigung bei. Durch Sonne und Staub stellte sich sein altes Augenleiden – eine schmerzhafte Entzündung – wieder ein. Trotzdem brachte Hudson täglich fünf Stunden damit zu, seine chinesischen Sprachkenntnisse zu vervollkommnen. Neben dem Sprachstudium befaßte er sich weiter mit Medizin und Heilmittelkunde, um die in der Heimat erworbenen Kenntnisse nicht zu vergessen.

Fast ein Jahr, nachdem Hudson Taylor die Heimat verlassen hatte, war es ihm zum erstenmal vergönnt, Einheimischen medizinische Hilfe zu leisten. Seine Arbeit dehnte sich aus. Mit zehn Jungen, fünf Mädchen und einem christlichen Lehrer begann er eine Tagesschule. Obgleich er im eigentlichen Sinn noch keine Krankenstation geführt hatte, suchten ihn täglich neue Patienten auf. Auch die Gebetsversammlungen wurden besser besucht. Zuerst hatten er und seine Lehrer damit angefangen, aber bald kamen bis zu 20 Besucher. Manche kamen morgens und andere am Abend. Aber immer wurden neue Probleme an den Missionar herangetragen und wollten ihn mutlos machen. Er brauchte eine feste Bleibe, Lebensmittel und genügend Geld für den Lebensunterhalt. Außerdem herrschte Krieg im Land.

Mit einem Hausboot auf dem Jangtsekiang

Nach einiger Zeit mietete Hudson zusammen mit einem anderen Missionar ein Hausboot. Mit ihm fuhren sie auf dem gefährlichen Jangtsekiang. Eines Tages legten sie am Ufer einer Insel an, um den Bewohnern zu predigen. Hudson wollte gerade mit seiner Ansprache beginnen, da hörte er plötzlich hinter dem Boot Lärm. Er drehte sich um und sah, wie Hunderte von Eingeborenen vom Festland ins Wasser wateten. Sie glichen einem Bienenschwarm, als sie sich um ihn scharten, um das Evangelium zu hören. Um nicht bedrängt zu werden, stieß Hudson vom Land ab und fuhr weiter vom Ufer weg. Aber das half nichts. Die Leute wollten wissen, was er tue. Deshalb stürzten sie sich ins Wasser und kamen ihm nach. Den Rest des Nachmittags verbrachte Hudson damit, ihnen von Jesus zu erzählen.

Den Chinesen ein Chinese

Taylor erkannte, daß der einzige Weg, wie er die chinesische Bevölkerung wirklich erreichen konnte, darin bestand, sich den Menschen dort soweit wie möglich anzugleichen. Er kaufte sich chinesische Kleidung und benutzte bei den Mahlzeiten Eßstäbchen. Aber einen großen Schritt hatte er noch nicht getan: Sein blondes lockiges Haar verriet den Europäer. Weil er spürte, daß er erst echten Kontakt zu den Chinesen bekommen könne, wenn er sich auch in seiner Haartracht der Landessitte anpaßte, entschloß sich

Hudson schließlich auch hierzu. Er bestellte einen Frisör und ließ sich die Haare nach der üblichen Landessitte scheren; jetzt sah er ganz wie ein Chinese aus. All dies öffnete ihm die Herzen der Einheimischen, so daß viele erst, wenn er zu reden begann, merkten, daß er Europäer war.

Seine Familie in England war aber über seine Art zu handeln alles andere als glücklich, wie er aus einem Brief von zu Hause erfahren mußte. Er schrieb zurück, was er tue, sei in Ordnung, um die Chinesen besser für Christus gewinnen zu können. Es erweise sich als äußerst wirksam.

Heirat

Als der Krieg in China ausbrach, mußten fast alle, die als Ausländer angesehen wurden, um ihr Leben bangen. Weil sich Hudson jedoch wie ein Chinese kleidete und benahm, war er nicht gefährdet. Aber auch sein Leben war oft Gefahren ausgesetzt.

Hudson lernte in China eine junge Dame kennen, die in der Mission als Lehrerin arbeitete. Auch sie hatte Gott ihr Leben geweiht und den Ruf bekommen, in China zu wirken. Da das Mädchen Waise war, schrieb Hudson Taylor ihrem Onkel in Schottland und bat um die Erlaubnis, sie heiraten zu dürfen. Mehr als zwei Monate vergingen, ehe er eine Antwort erhielt, aber sie fiel schließlich positiv aus. Der Onkel gab seine Zustimmung. Er bat lediglich darum zu warten, bis Marie 21 Jahre alt sei.

Am 16. Januar 1858 feierte Marie Dyer ihren 21. Geburtstag. Am 20. fand ihre Hochzeit mit Hudson Taylor statt. Nun weitete sich die Missionsarbeit für das junge Paar aus. Marie übernahm die Kinder- und Frauenarbeit und öffnete ihr Haus den Einheimischen. Hudson war Tag und Nacht unermüdlich als Evangelist und Arzt tätig. Tag für Tag und Jahr für Jahr tauchten neue Probleme für die beiden auf, aber sie waren Werkzeuge in Gottes Hand. Schließlich fügte es der Herr, daß sie eine neue Missionsgesellschaft gründen konnten, die „China-Inland-Mission". Heute heißt diese Mission „Überseeische Missionsgemeinschaft". Gott schenkte ihnen auch ein kleines Mädchen, dem sie den Namen Grace gaben.

Was wir von Hudson Taylor lernen können

Das Leben Hudson Taylors war ein Leben des Gebets und der Abhängigkeit von Gott. Gar nichts wurde ohne Gebet getan. Er hielt es so als junger Mensch, als er Gott um Antwort bat, ob er nach China gehen sollte. Dies tat er bei jeder Reise, die er den Fluß hinauf ins Innere des Landes unternahm, um dort als Evangelist und Arzt tätig zu sein. So verfuhr er, als er Gottes Willen in bezug auf seine Ehe suchte. Und so sollten auch wir vor kleineren und größeren Entscheidungen den Willen Gottes suchen. Wenn wir Jesus gehören, müssen wir wissen, was sein vollkommener Wille für uns ist.

Als Hudson Taylor wußte, daß sein Wirken in China bald zu Ende gehen würde und er nicht mehr lange zu leben habe, sagte er zu einigen seiner Freunde: „Und wenn ich tausend Leben zu leben hätte, sollte jedes China gehören!"

Charles T. Studd

Vom Kricketstar zum Heidenmissionar

Während die Christen das Andenken an Charles T. Studd als eines hervorragenden Pioniermissionars in Ehren halten, erinnert sich die Welt des Sports an ihn als einen der größten Kricketspieler, die England hervorgebracht hat.

Die Familie Studd war äußerst wohlhabend und konnte ihren Kindern jeden Luxus bieten. Ihre Hauptinteressengebiete waren die Jagd, das Kricketspiel und die Rennpferde ihres Vaters. Vor allem Kricket hatte es Charles und seinen Brüdern angetan, und da sie nicht zu arbeiten brauchten, brachten sie sehr viel Zeit damit zu, sich in dieser Sportart zu üben. Als Charles 16 Jahre alt war, galt er als Meisterspieler, und mit 19 wurde er Kapitän seiner Mannschaft am Eton College.

Charles Studd war ein großer, gutaussehender junger Mann, der sich viel auf seine sportlichen Fähigkeiten einbildete. Stundenlang spielte er vor dem Spiegel, um seine Technik zu vervollkommnen.

Große Veränderungen treten ein

Von Eton ging Charles nach Cambridge an die Universität, um Jura zu studieren. Aber im letzten Studienjahr geschah etwas, was alle seine Pläne durchkreuzte.

In einer von dem berühmten amerikanischen Evangelisten Dwight L. Moody gehaltenen Erweckungsversammlung erlebte Charles' Vater eine echte Bekehrung. Herr Studd war von der Evangelisation Moodys angezogen worden, weil er in den Zeitungen so lächerlich gemacht wurde. „An diesem Moody muß etwas Gutes sein, sonst würden ihn die Zeitungen nicht so in den Schmutz ziehen", meinte Herr Studd.

Von da ab widmete er seine ganze Zeit und Kraft seinem neuen Herrn. Mit allen Mitteln versuchte er, anderen etwas von der Erfahrung zu vermitteln, die er selbst gemacht hatte. Er verkaufte oder verschenkte alle seine Rennpferde. Dann räumte er das größte Zimmer seiner prächtigen Villa aus und lud seine Freunde zu Evangelisationsversammlungen ein.

Herr Studd starb bald nach seiner Bekehrung; aber Moody sagte einmal, wenige Menschen hätten in so kurzer Zeit so viel für den Herrn getan wie er.

Natürlich führte er auch mit seinen drei Söhnen Gespräche über ihr Seelenheil. Seinen Sohn Charles vermochte er aber damals noch nicht für den Herrn zu gewinnen.

Charles will Missionar werden

Als dann sein Bruder Georg schwer erkrankte, machte sich Charles große Sorgen um ihn. Zum erstenmal spürte er etwas vom wahren, bleibenden Wert geistlichen Reichtums im Vergleich zu irdischem Besitz.

In dieser Zeit hielten Dwight L. Moody und Ira D. Sankey in Cambridge Erweckungsversammlungen. Auch viele Studenten der dortigen Universität besuchten die Veranstaltungen. Zuerst wollte Charles nicht hingehen, denn er hatte sich bis dahin nie besonders für Religion interessiert. Aber schließlich beschloß er doch, eine der Versammlungen zu besuchen, und war dann einer unter Hunderten von Studenten, die ihr Leben völlig dem Herrn Jesus auslieferten.

Unmittelbar nach dieser Entscheidung gab er seine Pläne, eine Anwaltspraxis zu eröffnen, auf. Damit verursachte er in seiner Familie einen großen Wirbel. Charles bestand aber auf seinem Entschluß. Sein Leben gehöre nun Gott, und er wolle Missionar werden.

Charles fing an, öffentlich von der Verwandlung seines Lebens durch Jesus Zeugnis abzulegen. Weil er ein so bekannter Sportler war, fand er überall, wo er hinkam, zahlreiche Zuhörer. Auf diese Weise konnte er vielen die Frohe Botschaft bezeugen, die sonst nie dazu zu bewegen gewesen wären, das Wort Gottes zu hören.

Die „Sieben von Cambridge"

Eines Tages besuchte Studd Hudson Taylor, den Begründer der China-Inland-Mission, und bot ihm seine Dienste als Missionar für China an. Als er angenommen war, gelang es ihm, sechs seiner ehemaligen Studienfreunde von Cambridge von der Wichtigkeit dieser Missionsarbeit zu überzeugen. Sie schlossen sich ihm an und wurden als die „Sieben von Cambridge" bekannt.

Die Tatsache, daß diese sieben intelligenten jungen Männer, die ein abgeschlossenes Universitätsstudium hinter sich hatten, ihren Beruf und ihre Karriere aufgaben, ja sogar ihrem Besitz den Rücken kehrten, wurde eine Sensation im ganzen Land. Aber sie hatten Gottes Ruf vernommen und waren gewillt, den Chinesen die Frohe Botschaft zu bringen.

Ausreise nach China

1885 segelte Charles T. Studd nach China, um seine missionarische Arbeit zu beginnen. Unmittelbar nach seiner Ankunft in Shanghai, am 18. März, begann er mit dem Studium der schwierigen chinesischen Sprache. Sieben Stunden täglich brachte er damit zu.

Ebenso wie Hudson Taylor war Studd bestrebt, sich möglichst weitgehend dem chinesischen Volk anzugleichen. Auch er trug chinesische Kleidung, aß chinesische Speisen und versuchte, soweit als möglich seine westliche Lebensart aufzugeben.

Riesige Spendenbeträge

Da erhielt er die Nachricht vom Tod seines Vaters und gleichzeitig ein Schreiben, in dem ihm mitgeteilt wurde, daß er eine große Summe Geldes geerbt habe.

Weil Charles gerade in der Heiligen Schrift den Vers gelesen hatte „Gehe hin, verkaufe alles, was du hast, und gib es den Armen, so wirst du einen Schatz im Himmel haben" (Markus 10,21), entschloß er sich, einen großen Teil seines Erbes für das Werk des Herrn zu geben. 25 000 Dollar schenkte er D.L. Moody, der die Summe zur Gründung des Moody-Bibel-Instituts in Chicago verwandte, einer Bibelschule, die heute noch besteht. Einen ähnlich hohen Betrag übersandte er Georg Müller für dessen Waisenhäuser; schließlich ging eine große Summe an die Heilsarmee zur Unterstützung ihrer Arbeit in Indien. Vier Schecks in Höhe von je 5000 Dollar gingen an verschiedene andere leitende Reichsgottesarbeiter.

Drei Jahre nach seiner Ankunft in China heiratete Charles Studd Pricilla Stewart, ein junges irisches Mädchen, das ebenfalls in der Missionsarbeit stand.

Weil Studd zu Asthma neigte, bekam ihm das Klima in China schlecht, so daß er schließlich mit seiner Familie nach England zurückkehren mußte. Sechs Jahre später ging er aufs neue in die Mission, diesmal nach Südindien, wo das Klima besser war. Dort fing er eine Gemeindearbeit an.

Als er von dort später wieder nach England zurückkehrte, bot sich ihm die Gelegenheit, die Missionierung Afrikas vorzubereiten. Vom Nil bis zum Niger sollte Afrika für die Missionarbeit erschlossen werden.

Am 15. Dezember 1912 verabschiedete sich Studd von seiner Frau und seinen vier Töchtern in England und machte sich auf die Reise, die ihn bis ins Herz des Schwarzen Erdteils führen sollte. In Niangara wurde eine Missionsstation gegründet, und im Juni 1915 konnten die ersten zwölf Bekehrten getauft werden.

Studd reiste dann nach England zurück, um mehr Christen für die Missionsarbeit zu interessieren. 1916 kehrte er mit vielen Mitarbeitern nach Afrika zurück. Die Mission erhielt den Namen „World Wide Evangelization Crusade" (Weltweiter Evangelisationskreuzzug).

Schließlich unternahm auch seine Frau eine Reise nach Afrika, um ihren Mann nach vielen Jahren der Trennung zum erstenmal wiederzusehen.

In Afrika sollten auch beide ihr Leben beschließen. Aber ihr Missionswerk war fest begründet. Die Arbeit ging weiter, und Gott segnete sie.

„Vom Kricketstar zum Heidenmissionar", „Aus dem Rampenlicht der Welt in das Licht der göttlichen Gnade" – so oder ähnlich könnte man das Leben C.T. Studds überschreiben. Seine Lebensgeschichte bezeugt jedenfalls eindrucksvoll, wie deutlich die Stimme Gottes an Menschen ergehen kann. Weltlicher Erfolg und Reichtum verblaßten und wurden unwichtig, als er den Ruf Jesu hörte: „Komm, folge mir nach!”

John Wesley

Der Gründer der Methodistenkirche

John Wesley wurde am 17. Juni 1703 als Sohn einer Pastorenfamilie geboren. Er war das fünfzehnte Kind. Nicht nur sein Vater stand im Dienst der Kirche von England, sondern auch schon sein Großvater und Urgroßvater waren Geistliche gewesen.

Die Mutter – eine großartige Erzieherin

Die Kinder der Familie Wesley waren wohlerzogen und erhielten eine gute Ausbildung, wenngleich sie sehr arm waren. Die Mutter, Susanne Wesley, war ihre Lehrerin. Obgleich sehr stark von ihren hausfraulichen Pflichten beansprucht, hielt sie daran fest, jedes Kind mit fünf Jahren bereits das Alphabet zu lehren. Dann unterrichtete sie ihre Kinder in den üblichen Schulfächern und in Religion. Jedes der Mädchen lernte Griechisch, Lateinisch und Französisch und erhielt außerdem noch Unterricht in Hauswirtschaft.

Frau Wesley versuchte, für jedes einzelne ihrer Kinder in der Woche einige Stunden zu erübrigen. Sie fand auch die Zeit, bzw. nahm sich Zeit, mit ihnen über Gott zu sprechen und zu beten. Donnerstagsabends beschäftigte sie sich mit dem kleinen John. Das machte einen tiefen Eindruck auf diesen, und er erinnerte sich noch daran, als er zur Universität nach Oxford ging. Oft pflegte er sie dann in seinen Briefen zu bitten, auch weiter Donnerstagabends an ihn zu denken.

Eines Tages, als John Wesley erst sechs Jahre alt war, brach im alten Pfarrhaus ein Brand aus. Alle entkamen aus dem lichterloh brennenden Gebäude, nur der kleine John fehlte. Der Vater wollte schon zurücklaufen, um nach dem Kleinen zu suchen; man hielt ihn aber zurück, da das Gebälk jeden Augenblick einzustürzen drohte.

Während der ganzen Zeit hatte der kleine John geschlafen. Als dann aber die eine Seite des Hauses einfiel, wurde er durch das Getöse aufgeweckt. Eilends lief er zum Fenster. Da keine Leiter in der Nähe war, sprang ein Nachbar dem andern auf die Schulter, bis sie die Höhe des Fensters erreicht hatten. Im letzten Augenblick, ehe das Dach einfiel, konnten sie den Jungen in Sicherheit bringen. Auch an dieses Erlebnis erinnerte sich John noch lange. Später war er der festen Überzeugung, daß ihm Gott damals das Leben gerettet habe, weil er noch etwas ganz Besonderes mit ihm vorhatte.

Als John zehn Jahre alt war, brachte ihn sein Vater zur Charterhouse-Schule nach London. Hier erhielt er eine gründliche Ausbildung, die beste wohl, die es damals überhaupt in England gab. Er studierte alte Sprachen, Mathematik und Naturwissenschaften.

Studienjahre in Oxford

Mit 17 Jahren verließ John die Schule und ging an die Universität nach Oxford. Zum erstenmal war er sein eigener Herr. Trotz der Tatsache, daß er jetzt mit anderen Studenten zusammenkam – von denen viele ein leichtsinniges und unmoralisches Leben führten –, bewies er hier, wie sehr er von seiner christlichen Erziehung her geprägt war, und zeichnete sich durch einen vorbildlichen Lebenswandel aus.

Während seiner Studienjahre gewann John viele Freunde. Er war in seinem Umgang lebhaft und gewandt und außerdem dichterisch begabt. So war es kein Wunder, daß er häufig der Mittelpunkt jeder Gesellschaft war, zu der er eingeladen war. In vielen Familien seiner Mitstudenten, die in den umliegenden Ortschaften wohnten, war er ein stets gern gesehener Gast.

Den Fußstapfen seines Urgroßvaters, Großvaters und Vaters folgend, beschloß John Wesley, Geistlicher zu werden. Seine erste Predigt hielt er in einer kleinen Dorfkirche in South Leigh.

Nach Ablegung seines Staatsexamens war Wesley zunächst als Aushilfskraft bei seinem Vater in Lincolnshire tätig, dann wurde er zum „Fellow"* am Lincoln College ernannt, eine Stellung, die er ehrenhalber 25 Jahre lang innehatte.

In dieser Zeit fühlte sich John immer mehr zur anglikanischen Kirche mit all ihren Formen und Zeremonien hingezogen. Auch hielt er viel von strenger religiöser Zucht. Er stand um vier Uhr morgens auf, fastete regelmäßig, arbeitete wie ein Bär und strengte seine Kräfte bis zum äußersten an. Er besuchte die Gefangenen in den Gefängnissen, wo damals entsetzliche Zustände herrschten, und versuchte, ein wenig Licht in das Leben der Sträflinge zu bringen. Er unterrichtete Kinder, die niemanden hatten, der sich um sie kümmerte. Aber trotz dieser unermüdlichen religiösen Aktivität, trotz seiner vielen sorgfältig vorbereiteten Predigten wurde er innerlich das Gefühl nicht los, sein Leben sei leer und ohne Frucht für die Ewigkeit. Er konnte nicht die Masse des Volkes anziehen. Durch seine Predigten wurden die Menschen nicht erneuert, die Gewissen nicht wachgerüttelt und die Herzen nicht erwärmt.

Nach einiger Zeit ging auch Wesleys jüngerer Bruder Charles nach Oxford zum Studium und gründete dort mit anderen ernsthaften Studenten eine Gruppe, die „der heilige Club" genannt wurde. Dort trafen sie sich zum Gebet, Bibelstudium und Gedankenaustausch. Regelmäßig besuchten sie die Abendmahlsgottesdienste. Mit der Zeit wurden sie von den Studenten aufgrund ihrer Lebensweise „Methodisten" genannt.

Das „Georgia-Abenteuer"

Im Oktober 1735 ging John mit seinem Bruder Charles nach Amerika. John sollte in Savannah, Georgia, eine Kaplanstelle übernehmen, während Charles die Stellung eines Sekretärs beim Gründer und Gouverneur des Staates, General Oglethorpe, antrat. John hielt regelmäßig Gottesdienste, besuchte jedes Haus und rief Schulen für die Kinder der Siedler ins Leben. Auch die Indianer versuchte er in sein Unterrichtssystem einzubeziehen; diese zeigten sich jedoch völlig ablehnend.

John war äußerst rührig, dabei aber alles andere als beliebt. Unbewußt war er ständig auf der Suche nach wahrer Gemeinschaft mit Gott.

Inzwischen hatte sich Charles Wesley mit dem Gouverneur überworfen und kehrte deshalb nach England zurück; bald folgte ihm auch sein Bruder John in die Heimat. Das „Georgia-Abenteuer", das mit so großen Hoffnungen begonnen hatte, dauerte knapp zwei Jahre und endete in bitterer Enttäuschung.

Endlich Glaubensgewißheit

Beide, John und Charles, waren zwar entschieden gläubig, aber keiner lebte in dem Bewußtsein, sich ganz und gar dem Herrn ausgeliefert zu haben. Immer wieder las John die Geschichte von der Bekehrung des Paulus und betete, auch ihn möge sozusagen ein Licht umstrahlen und ihm die Gewißheit schenken, daß ihn Jesus Christus, sein Heiland, angenommen hatte. Beide Brüder rangen ernstlich um die wahre Erkenntnis. Da wurde ihnen endlich die völlige Gewißheit zuteil, daß Jesus auch für sie gestorben war. Nun waren sie ihrer Errettung gewiß.

Von dem Tage an war für John Wesley alles verändert. Sein größter Wunsch war jetzt, dieses Erlebnis mit anderen, die keine echte Freude im Herrn zu kennen schienen, zu teilen. Er fing an, in den Kirchen zu predigen. Die Leute drängten sich zu seinen Gottesdiensten. Seine Botschaft war so einfach, direkt und überzeugend, daß viele, die unter der Last ihres sündigen Lebens seufzten, Buße taten und sich bekehrten.

Aber andere Geistliche der englischen Hochkirche wollten seine Botschaft nicht gelten lassen. Viele stellten ihm ihre Kanzel nicht mehr zur Verfügung. So blieb John nichts anderes übrig, als im Freien zu predigen.

Dennoch, oder gerade deswegen, drängten sich Hunderte von Menschen zu seiner Verkündigung.

Als Reiseprediger unterwegs

Dann begann John, zu Pferd durch ganz England zu reisen, um überall unerschrocken das Evangelium von Jesus zu verkündigen. Er predigte in großen Sälen und kleinen Räumen, vor großer Zuhörerschaft und im kleinen Kreis, kurzum, überall dort, wo sich Gelegenheit bot. Konnte er keinen Raum bekommen, dann verlegte er die Versammlung ins Freie, wo Menschen zusammenkommen konnten. Ritt er allein, dann ließ er die Zügel locker, damit er lesen konnte. Auf diese Weise bereitete er seine vielen Predigten vor und hielt sich auch in seinen Studien auf dem laufenden.

Da John immer noch keinen Zutritt zu den Kirchen der englischen Staatskirche hatte, beschloß er, an den verschiedenen Orten, wo er hinkam, eigene Versammlungshäuser zu bauen. Sie wurden so entworfen, daß sie gleichzeitig als Kirche und Schule benutzt werden konnten. Dadurch wurde außerdem auch noch etwas für die Kinder getan, die keine Schule besuchen konnten. In manchen Versammlungshäusern wurden zudem noch Räume für Reiseprediger eingebaut. Dort konnten sie übernachten, wenn sie sonst nirgends unterkamen. Auch an einen Stall für ein paar Pferde wurde gedacht.

Überall, wo John hinkam, pflegten Hunderte, ja manchmal Tausende zusammenzukommen, um ihn zu hören. Allmählich stellte es sich heraus, daß er das große Werk nicht allein fortführen konnte. Deshalb begann John, Laienprediger einzusetzen. Das waren Männer, die in der Woche ihrer normalen Beschäftigung nachgingen und am Sonntag predigten. Sie waren schlecht bezahlt, schlecht gekleidet, schlecht ausgerüstet und schlecht untergebracht; aber sie hatten einen Heldenmut. Sie reisten über weite Entfernungen, meist zu Pferd, manchmal zu Fuß. Außerdem waren sie bitterer Verfolgung ausgesetzt. Oft wurden sie von den Behörden beschimpft und manchmal sogar eingesperrt.

Wesleys besondere Fürsorge galt den Kindern und jungen Menschen. Oft, wenn er in eine Stadt kam, war sein erstes, Kinder um sich zu sammeln. Dann erst begann er mit seinen Versammlungen. Nie wurde er müde, ihnen – wie übrigens auch den Erwachsenen – zu sagen, sie müßten „glauben, lieben und gehorchen". Durch sein Interesse an Kindern konnte er später Schulen, Heime und Gottesdienste für junge Leute einrichten.

Damals waren in England nur wenig Reiche zu finden. Dann gab es eine kleine Schicht von verhältnismäßig Wohlhabenden und schließlich die große Masse der Armen, die entweder arbeitslos oder unterbezahlt waren. Sie lebten kärglich in ungesunden Verhältnissen, und ihre Kinder waren unterernährt, zerlumpt und meist ohne Schulbildung. John Wesley zeigte sich nie taub oder blind gegenüber den Nöten underer, die weniger hatten als er. Er selber lebte äußerst sparsam und bescheiden, um für die Notleidenden mehr übrig zu haben.

Als sich sein Werk immer mehr ausweitete, übertrug John die sozialen Aufgaben auf andere. Er gründete Waisenhäuser und Heime, wo ältere Frauen Unterkunft und Fürsorge fanden. Er rief eine öffentliche Armenapotheke ins Leben und verteilte auch selber Medikamente. Bei den wohlhabenden Methodisten sammelte er Geldspenden, Kleidung, Nahrungsmittel und Brennmaterial und ließ es unter die Armen und Kranken verteilen.

Aber Wesleys Wirken beschränkte sich nicht nur auf England. Er ging auch nach Irland, Amerika, Kanada und auf die Westindischen Inseln. Überall strömten große Menschenmassen zusammen, um ihn zu hören.

Weil John den Wert des Schrifttums für die Verkündigung erkannte und durch seine Studien zur Schriftstellerei neigte, schrieb er an die 300 Bücher und Schriften über verschiedene Themen: Theologie, Geschichte, Logik, Naturwissenschaft, Medizin und Musik. Außerdem verfaßte er viele Andachtsbücher. Sie waren in einfacher Aufmachung hergestellt, damit die Leute sie billig erwerben konnten. Diese Arbeit dehnte sich so schnell aus, daß Wesley schließlich ein eigenes Verlagshaus gründete. Ferner druckte er viele hundert Lieder, die zum Teil der Feder seines Bruders Charles entstammten.

Wesley starb im hohen Alter von 88 Jahren am 2. März 1791. Aber das Werk, das er begonnen hatte, wuchs und wird nun seit mehr als 200 Jahren von der Methodistenkirche fortgeführt. Gott hat das Werk und Leben dieses Gottesmannes reich gesegnet. In John Wesleys Herz brannte nur ein Wunsch – die Frohe Botschaft von Jesus Christus zu verkündigen.

David Brainerd

Der Indianermissionar

David Brainerd war der dritte Sohn in einer Familie mit 9 Kindern. Die Eltern wohnten in Haddam, Connecticut.

David war ein sehr schüchterner Junge, dem es schwerfiel, sich zu äußern. Er brachte nicht einmal den Mut auf, sich seinen Eltern anzuvertrauen. Alle Fragen, die ihn bedrängten, behielt er für sich. Schon in sehr jungen Jahren erkannte er, daß sein Leben mit Gott nicht in Ordnung war. Der Gedanke an den Tod jagte ihm Schrecken ein.

Fromm, und doch ohne Gott

Als David neun Jahre alt war, starb sein Vater, und mit vierzehn verlor er seine Mutter. Diese Todesfälle führten dazu, daß er sich noch mehr in sich zurückzog. Die Frage, die ihn am meisten beschäftigte, war, wie er Gott erkennen könnte. Er wußte von Gott, aber er war nicht sicher, ob er Gott wirklich kannte. Ständig wurde er von dem Gefühl geplagt, daß in seinem Leben etwas fehle.

Die Kirche besuchte David regelmäßig. Auch betete er häufig und las viel in der Bibel. Aber er hatte keine Freude und keinen Frieden im Herzen. Er wußte, er war mit Gott immer noch nicht im reinen. Was aber sollte er noch tun?

Im Alter von 19 Jahren nahm David eine Arbeit auf einem Bauernhof in Durham an. Hier blieb er ein Jahr lang und beschloß während dieser Zeit, ein strenges religiöses Leben zu führen. „Ich wurde sehr streng in bezug auf meine Gedanken, Worte und Taten und war der Meinung, ich hätte mich ganz dem Herrn geweiht." Trotzdem war er noch nicht glücklich.

Kurz nach seinem 21. Geburtstag wurde ihm die Wahrheit über die Erlösung durch Jesus Christus klar. Er brauchte ja gar nichts dafür zu tun; er konnte sein Heil nicht selber schaffen. Jesus hatte doch die Strafe für seine Sünden bezahlt, als er am Kreuz auf Golgatha gestorben war. Alles, was Gott von ihm wollte, war, daß er dieses Heil annahm und sein Leben Gott auslieferte. Diese Entscheidung traf David am 12. Juli 1739. Von diesem Augenblick an war sein ganzes Leben verwandelt.

Von der Schule verwiesen

Im September 1739 begann Brainerd seine Ausbildung am Yale College in New Haven. Aber im dritten Jahr wurde er von der Schule verwiesen. Das führte zu viel Aufregung unter den Studenten, weil David nicht nur ein fleißiger Student, sondern auch ein Zeugnis für Jesus war. Alles hatte damit angefangen, daß sich David mit einigen seiner engsten Freunde unterhalten hatte. Sie sprachen offen über einen ihrer Lehrer, der die Gebetsgemeinschaften, die die christlichen Studenten zusammen abhielten, mißbilligt hatte. Einer der jungen Leute hatte David gefragt, was er von dem Lehrer halte. „Er ist so fade wie dieser Stuhl hier", hatte David heftig geantwortet. Heimlich hatte ein anderer Student die Gruppe belauscht, und bald kam die Sache der Schulbehörde zu Ohren. Man ließ

David kommen und stellte ihn vor die Wahl, entweder öffentlich seine Schuld zu bekennen und sich zu demütigen, oder die Schule zu verlassen. Da sich David weigerte, sich zu entschuldigen, wurde er sofort vom College verwiesen. Vier Jahre später schrieb er ein öffentliches Bekenntnis und entschuldigte sich vor dem ganzen College für sein damaliges Verhalten.

Indianermissionar

Nach seiner Entlassung wohnte David bei einem Pfarrer, bei dem er seine Studien fortsetzte. Während dieser Zeit überlegte er ernsthaft, wie sich einmal sein weiterer Lebensweg gestalten sollte. Er wollte sein Leben immer noch ganz in den Dienst Gottes stellen. Wenn er kein Pfarrer werden konnte, dann vielleicht Missionar? Mit der Zeit wuchs in ihm die Überzeugung, daß es Gottes Wille für ihn war, Missionar zu werden. Eine schottische Missionsgesellschaft nahm ihn an und übertrug ihm eine Arbeit unter den Indianern von New York, New Jersey und Pennsylvanien.

Als erstes mußte David eine äußerst schwierige Sprache lernen. Das erforderte sehr viel Geduld, und er kam mit dem Studium nur langsam voran, besonders deshalb, weil die Sprache in viele verschiedene Dialekte zerfiel. Er lernte nie fließend sprechen, sondern mußte sich meist auf Indianer verlassen, die etwas Englisch konnten und ihn übersetzten.

Nöte und Enttäuschungen

Nicht nur, daß die fremde Sprache ein Hindernis für ihn war, auch die Aufnahme bei den Indianern war außergewöhnlich zurückhaltend. Sie verhielten sich argwöhnisch, weil sie in der Vergangenheit vom weißen Mann viel Schlechtes erfahren hatten. Deshalb trauten sie keinem von ihnen.

Ein weiteres Problem, mit dem David Brainerd in seiner Arbeit unter den Indianern zu kämpfen hatte, waren die indianischen Medizinmänner. Die Zauberer, die behaupteten, über allerhand magische Kräfte zu verfügen, erkannten bald, daß die Verkündigung des Evangeliums ihrem Ansehen und Einfluß großen Schaden zufügte. Die Indianer mißtrauten allmählich den Zauberern, und immer mehr kamen zum Glauben an Jesus. Das ärgerte natürlich die Medizinmänner. Deshalb machten sie den eingeborenen Christen, aber auch Brainherd selbst, das Leben schwer, wo sie nur konnten.

Der Erfolg Brainerds geht zweifellos auf sein außergewöhnliches Gebetsleben zurück. Für ihn war das Beten fast so natürlich wie das Atmen; oft betete er ganze Nächte hindurch. Er erlebte viele Enttäuschungen und war oft niedergeschlagen und bedrückt. Die Indianer schienen einfach für die Botschaft von der Liebe Gottes taub zu sein.

Wenige haben so viel für die Verkündigung des Evangeliums unter den Heiden geopfert wie David Brainerd. Fast die ganze Zeit seines Dienstes unter den Indianern war er auf sich allein gestellt, ohne Freunde, die ihm hätten Mut machen können. Häufig war er Gefahren ausgesetzt, ja selbst die Nahrungsbeschaffung bereitete Schwierigkeiten. Er war oft kränklich und hatte niemand, der ihn pflegte. Das machte ihn häufig mutlos und verzagt. Aber nie kam ihm deshalb der Gedanke, die Arbeit aufzugeben.

Einer der Dolmetscher Davids hörte durch seine Arbeit viel von Jesus. Aber Brainerd war überzeugt, daß der junge Mann Jesus noch nicht als seinen persönlichen Heiland angenommen hatte.

Eines Tages kam der Indianer in großer Aufregung zu Brainerd und fragte: „Was muß ich tun, um errettet zu werden?"

Der Missionar gab dem jungen Mann die gleiche Antwort, die einst Paulus dem Kerkermeister von Philippi gegeben hatte: „Glaube an den Herrn Jesus Christus, so wirst du gerettet werden."

Dieser junge Mann wurde dann sein treuester und wertvollster Mitarbeiter. Er war nicht nur sein Übersetzer, sondern half David auch, die Gedanken und Sitten der Indianer besser zu verstehen.

Erweckung

Gott segnete Brainerds Wirken unter den Indianern auf wunderbare Weise. Mit einemmal, David wußte nicht warum, kamen die Indianer zu den Versammlungen und baten um seelsorglichen Rat. Diese Erweckung begann im Sommer 1745. Mehrere Wochen lang kamen die Eingeborenen in großer Zahl; viele bekehrten sich zu Jesus. Zum erstenmal sah David einen Durchbruch in seiner Arbeit.

Der Höhepunkt dieser Erweckung kam am 8. August. An jenem Tag waren alle Altersgruppen unter seinen Zuhörern vertreten. Viele, die über Jahre hinweg berüchtigte Trinker gewesen waren, kamen nun, um die Heilsbotschaft zu hören und ihr Leben Jesus Christus zu übergeben. Die aufrichtige Liebe David Brainerds hatte ihre Früchte getragen. Die Indianer spürten, hier war einer, der alles aufgegeben hatte, um ihnen die Botschaft von der Erlösung zu bringen.

Am 9. Oktober 1747 starb David Brainerd an Tuberkulose. Obgleich noch keine 30 Jahre alt, hatte er sein Werk auf Erden vollendet und war zu seinem Herrn heimgegangen.

John Paton
Missionar unter Südseekannibalen

John Gibson Paton wurde am 24. Mai 1924 in Südschottland in der Hütte seiner Eltern geboren. Sein Vater war selbständiger Strumpfwirker, d.h. er hatte zu Hause eine kleine Werkstatt, in der einige Strumpfwirkstühle standen.

Dieser Vater war schon etwas Besonderes: Nach jeder Mahlzeit zog er sich in eine kleine Kammer seiner Hütte zurück und betete zu Gott um die Seelen seiner elf Kinder. Am Sonntagabend las die ganze Familie miteinander in der Bibel, und danach besprachen Eltern und Kinder, was sie gelesen hatten.

In der Schule

John war kaum 12 Jahre alt, als er mit Erlaubnis seiner Eltern die Schule beendete, weil sein Lehrer – ein fähiger, aber grausam jähzorniger und brutaler Mann – ihn grundlos und schwer verprügelt hatte.

Von da an an arbeitete er als Gehilfe seines Vaters von sechs Uhr morgens bis zehn Uhr abends – außer den Mahlzeiten. Seine „Freizeit" benutzte er zum Latein- und Griechischlernen, denn es war sein größter Wunsch, einmal Missionar zu werden.

In der Werkstatt seines Vaters lernte er zweierlei: Einmal seine Hände geschickt zu gebrauchen und zum zweiten am Vorbild seines Vaters das Beten. Wenn sein Vater betete, lernte John den Herrn Jesus als persönlichen Freund und lebendigen Erlöser so kennen, als ob er in der Nähe stünde. Und der Vater betete immer für die Bekehrung der Menschen in fremden Ländern, die noch nie das Evangelium gehört hatten.

Von seiner Mutter lernte John den Glauben daran, daß der Herr Jesus sich um jede Einzelheit unseres Lebens kümmert. Eines Tages litt die Familie große Not. Wie es in der damaligen Zeit in Europa oft geschah, hatte es eine Mißernte gegeben, und die Folge hieß Hunger für viele, auch für die Patons. Ohne Abendbrot mußten die Kinder ins Bett. Aber die Mutter nahm sie vorher in den Arm und sagte ihnen, daß sie Gott alles erzählt hatte und er sicher bis morgen früh für Nahrungsmittel sorgen würde.

Früh am anderen Morgen stand ein Pferdekarren vor der Tür. Im Auftrag des Großvaters brachte ein Fuhrmann einen Sack Kartoffeln, einen Sack Mehl und einen Käse. Dabei hatte der Großvater gar nichts von der momentanen Notlage der Familie gewußt!

Die Mutter ließ die Kinder niederknien und dankte Gott, daß er ihr Gebet erhört hatte. Eindringlich riet sie ihnen, in ihrem ganzen Leben von Gott alles zu erbitten, was sie brauchten.

Wieder zur Schule

John sparte sich schließlich soviel Geld, daß er, wenn auch mit Unterbrechungen, die Schule weiter besuchen und sich schließlich zum Lehrer ausbilden lassen konnte. Er unterrichtete in einer kleinen Schule völlig verwahrloste Kinder. Seine drei Vorgänger hatten immer schnell vor den Kindern kapituliert, die den Unterricht störten und aufsässig und gewalttätig waren.

Schnell kam es zur äußersten Probe. Ein junger Mann und ein junges Mädchen erschienen in der Schule, angeblich um zu lernen, in Wirklichkeit, um zu stören. Sie unterhielten sich lautstark während des Unterrichts und lärmten, machten Witze und reagierten nicht auf die Ansprache des Lehrers John. Schließlich kam es zum Kampf: der Junge schlug mit Fäusten auf John ein, während sich John mit einem Stock wehrte, bis der Schläger aufgab und mürrisch an seinen Platz zurückkehrte.

Von da an gab es Ruhe in der Schule. Die Schüler machten gute Fortschritte und ihre Zahl stieg so sehr, daß ein besser ausgebildeter Lehrer als John angestellt werden konnte. Würde John jetzt arbeitslos werden?

In der Stadtmission

Am Vorabend seines letzten Tages in der Schule erhielt John einen Brief. Zu seiner eigenen großen Überraschung enthielt der Brief ein Angebot der Glasgower Stadtmission, ihn als Missionar für einen sehr verwahrlosten Stadtteil anzustellen. Seltsam genug – es war, als ob alles, was John vorher gearbeitet hatte, wie eine Ausbildung für diese neue Stelle war.

Und andererseits wurde die Stadtmissionsarbeit in Glasgow sozusagen seine Ausbildung für seine spätere Arbeit unter Kannibalen. Die Menschen in den Glasgower Elendsvierteln waren völlig entwurzelt, dem

Alkohol und vielen Sünden verfallen und lebten in trostlosen dunklen und schmutzigen Wohnungen.

Nach einem Jahr harter Arbeit hatte John fast nichts erreicht. Keiner glaubte, daß unter diesen verworfenen Dieben, Trinkern und Taugenichtsen noch ein Funke Willen zur Änderung glimmte. Doch John bat um ein weiteres halbes Jahr.

Es lohnte sich! Der Besuch der Bibelstunden auf einem Heuboden stieg an, bis die Gemeinde eine Anzahl von Gebäuden kaufen konnte, wo John Paton eine Bibelklasse einrichtete mit 70 – 100 jungen Menschen aus allerärmsten Verhältnissen. Sie lernten das Evangelium kennen, und unter seinem Einfluß veränderte sich ihr Leben innerlich und äußerlich. Am Sonntagmorgen standen viele von ihnen früh auf, um Freunde, die noch neu im Glauben waren, zur Bibelstunde abzuholen.

Besonders kümmerte sich John um die Heilung Alkoholabhängiger, weil viele Familien unter der Alkoholsucht von Vätern und Müttern litten und deshalb im tiefsten Elend lebten. Manche von ihnen zogen später aus den Elendsvierteln fort, weil sie sich nun bessere Wohnungen leisten konnten, und John half ihnen, bis sie sich Kirchengemeinden angeschlossen hatten, die sich weiter um sie kümmerten.

Der Entschluß

Neben all seiner Arbeit besuchte John an der Universität Vorlesungen. Da hörte er davon, daß für die Kannibalenmission auf den Neuen Hebriden Missionare gesucht würden.

Wo finden wir die Inselgruppe der Neuen Hebriden? Drehen wir den Globus von Europa aus etwa um die Hälfte und wechseln von der oberen auf die untere (südliche) Halbkugel, tippen dort auf Australien und gehen mit dem Finger wieder ein Stück nach oben in die Südsee. Da sind sie: die Neuen Hebrideninseln.

John überlegte: Sollte er die Armen der Elendsviertel verlassen, um den in tiefer Dunkelheit lebenden Heiden der Südsee zu helfen? Dann aber dachte er daran, daß Menschen in England und Schottland die Bibel und viele Christen hatten, durch die sie sehr wohl das Evangelium hören konnten.

Die Südseeinsulaner dagegen waren den Bräuchen und den Überlieferungen ihrer Vorväter ausgeliefert. Sie beteten Geister und Götter an, opferten ihnen, mordeten einander und fraßen sich gegenseitig auf. Sie wußten nichts von der Erlösung von aller Schuld durch das ein für allemal geschehene Opfer des Sohnes Gottes.

Die Stadtmission wollte ihn behalten. Sie bot ihm ein Haus und ein Gehalt, das er selbst festsetzen durfte.Man flehte ihn an zu bleiben. Aber er wußte nun, daß Gott ihn weiterführen wollte auf die andere Seite der Erde.

Was würden seine Eltern dazu sagen? Sie schrieben John einen Brief, und so erfuhr er, daß seine Eltern ihn von Geburt an Gott versprochen hatten als Missionar für die Heiden.

Auch für die Stadtmission im Elendsviertel fand sich ein Nachfolger: sein eigener Bruder Walter gab seinen Beruf als Kaufmann auf, um den Allerärmsten der Armen in Glasgow das Licht des Evangeliums in ihre dunklen Herzen und Wohnungen zu tragen.

Die Neuen Hebriden

Am 16. April 1858 verließen John und seine junge Frau Mary Ann Schottland an Bord der „Clutha". Viereinhalb Monate waren sie auf den Weltmeeren unterwegs, bis sie auf der Insel Aneityum anlandeten. Auf Aneityum waren schon viele Insulaner Christen geworden.

John Paton und seine Frau sollten sich mit dem Missionsehepaar Mathieson auf der Nachbarinsel Tanna niederlassen, die Mathiesons in Kwamera auf der Südseite der Insel, die Patons im Osten bei Port Resolution.

Schnell machten die Patons Bekanntschaft mit den Tannesen. Die Stämme schienen in einem ständigen Kriegszustand miteinander zu liegen: mit dem Nachbardorf, mit den Nachbarstämmen, mit den entfernten Stämmen, mit den Nachbarinseln. Versprechen hielten die Tannesen gar nicht oder nur teilweise. Sie waren hinterhältig, unzuverlässig und grausam. Ihre über und über tätowierte und bemalte Nacktheit, ihre Unberechenbarkeit und ihr entsetzlicher Kannibalismus erregten so einen Ekel, daß es ein wenig dauerte, bis die Abscheu der Patons umschlug in Mitleid für diese Menschen, die so weit entfernt lebten von der Lebensweise, die Gott der Schöpfer für die Menschen bestimmt hat.

Auf Tanna

Während die Missionare ihre einfachen Hütten auf den Grundstücken bauten, die sie von den Häuptlingen gekauft hatten, wurden sie ständig von Bewaffneten beunruhigt. Einmal kam es zu einer blutigen Auseinandersetzung zwischen Angehörigen verschiedener Dörfer ganz in der Nähe des Baues. Die Erschlagenen wurden gebraten und verzehrt ganz in der Nähe der Quelle, aus der die Missionare ihr Wasser holten. Das Wasser war rot von Blut. Im Anschluß daran ermordeten die Tannesen die Frauen der Toten, damit diese – so glaubten sie – ihren Männern in „der anderen Welt" nach dem Tod dienen könnten.

Die Missionare begriffen von Entsetzen gebeutelt, wie sehr nötig diese Menschen eine Umkehr zum lebendigen Gott hatten. Aber auch sie selbst waren gefährdet, denn schon 1839 waren die ersten Missionare auf der Insel Erromanga erschlagen und gegessen worden.

Nur auf der Insel Aneityum hatten Missionare Fuß fassen können. 3500 Insulaner hatten ihre Götzenbilder vernichtet, den Kannibalismus und den Witwenmord abgelegt und sich zu Christus bekehrt. Als die Patons kamen, wurden gerade die ersten Exemplare der Bibel in die Hände dieser neuen Christen gelegt.

Die Eingeborenen hatten sich selbst in 15 Jahren das Geld für den Druck der Bibeln erarbeitet, und auch deshalb bedeutete sie ihnen viel mehr als manchen anderen.

Zwei ältere Häuptlinge, Nowar und Nouka, unterstützten die Arbeit der Missionare auf Tanna zumindestens soweit, wie es der mächtige Kriegshäuptling Miaki erlaubte.

Die Menschen auf Tanna schrieben ihren Häuptlingen Gewalt über Leben und Tod zu. Sie sahen sie als „Götter", denen man Geschenke bringen und auf die man unbedingt hören mußte. Als die Missionare begannen, den Tannesen vom allmächtigen Gott und seinem Sohn Jesus Christus zu erzählen, hörten sie sehr interessiert zu. Als die Insulaner jedoch hörten, daß sie ihre Götter, ihren dämonischen Zauber und ihre grausamen Sitten aufgeben mußten, um dem allmächtigen Gott zu dienen, begann eine Verfolgung der Missionare und ihrer Anhänger, die zuerst im geheimen und schließlich offen zu entsetzlichen Ereignissen führte.

Malaria

Nun begann sich zu zeigen, daß der Bauplatz des Hauses der Patons falsch gewählt war. Die Missionare hatten den Schutz hoher Kokospalmen für ideal gehalten, und nun stellte sich heraus, daß der Sumpf unterhalb des Hauses eine Brutstätte der Moskitos war. Drei Wochen nach der Geburt ihres ersten Kindes starb Mary Ann Paton an einer Lungenentzündung, die einem heftigen Malariaanfall folgte; noch einmal drei Wochen später starb das Kind, der kleine Robert. John Paton begrub sie selbst in der Nähe seines Hauses.

Schwierigkeiten

Die Feindschaft der Insulaner wuchs. Tropische Stürme, heftige Regengüsse, Fieber und Krankheiten – an allem waren angeblich die Missionare schuld. Wiederholt wollten die Eingeborenen Paton und seinen Missionsfreund Copeland töten, aber stets geschah irgend etwas, daß sie davon abhielt.

Weiße Wölfe

Die Südseeinseln wurden schon bevor die ersten Missionare erschienen von englischen und australischen Schiffen angefahren. Billig erstanden die weißen Händler das begehrte Sandelholz und Kriegsgefangene der Stämme, „Kanaken“ genannt, die sie an anderer Stelle für Sklavenarbeit verkauften. Die Händler hausten aufs grausamste mit Gewalt, Alkohol und bewußt eingeführten Krankheiten auf den Inseln. Sie haßten die Missionare, die ihr schlechtes Verhalten verurteilten und stachelten die Eingeborenen gegen sie auf. Von ihnen hatten die Insulaner auch Flinten erhalten.

Wachsende Probleme

Immer wieder sprach John die Tannesen auf ihre furchtbaren Sitten an und erzählte ihnen von der Liebe ihres Schöpfergottes, der nicht will, daß Menschen in der Sklaverei der Sünde und des Todes ihr Leben verbringen.

Die Feindschaft der Häuptlinge nahm zu. Hätte nicht der alte Häuptling Nowar die Hand über den Missionar gehalten, wäre er längst das Opfer eines Kannibalenschmauses geworden. Trotzdem wurde John nach und nach nahezu sein ganzer Besitz gestohlen. Dazu war sich auch der grausame Kriegshäuptling Miaki nicht zu gut. Seinen gestohlenen Wasserkessel erhielt John erst zurück, als er dem „Finder“ eine Wolldecke anbot. Wer brachte den Kessel? Miaki persönlich, wenn auch ohne Deckel. Der Deckel war bereits zum anderen Ende der Insel getauscht worden.

Paton baute gemeinsam mit dem treuen eingeborenen Lehrer aus Aneityum, Abraham, eine neue Hütte auf der Höhe, nachdem er vierzehn schwere Malariaanfälle überstanden hatte. Mitten in den Vorbereitungen überfiel ihn ein neuer Malariaanfall von einer Schwere, daß er glaubte, sterben zu müssen. Ohne Abraham und dessen Frau wäre das wohl auch geschehen. Aber der ehemalige Kannibale kümmerte sich in großer Treue um den Todkranken. So sehr kann die Erlösung durch das Blut Jesu Christi einen Menschen ändern.

Die Tannesen hingegen kümmerten sich überhaupt nicht um ihn. Sie waren mal wieder in einen ihrer endlosen blutigen Stammeskonflikte verwickelt. Als John wieder gesund war, schlichtete er ihn unter Lebensgefahr mit Zureden und Geschenken. Die Feinde erlaubten ihm sogar, für sie zu beten und ihnen vom Heiland zu erzählen. Ein unerhört langer Frieden von mehr als vier Wochen setzte ein, so daß die Eingeborenen endlich einmal für ihre Feldzäune und Yamswurzelpflanzungen sorgen konnten.

Eines frühen Morgens war Johns Hütte von Bewaffneten umringt. Der Anführer sagte John klipp und klar, daß sie gekommen seien, ihn zu töten. Es war ihnen sehr ernst damit! John kniete noch einmal nieder, übergab sich Gott, dem Herrn über Leben und Tod, und trat unter die Männer. Er setzte ihnen auseinander, wie unrecht sie an ihm handelten, und plötzlich schwang der Häuptling um, gab ihm recht und verzog sich mitsamt seinen Kumpanen.

Mehrmals versuchten Bewaffnete, nachts ins Haus einzubrechen, dann planten sie wieder, Patons Haus anzuzünden und ihn bei der Flucht aus dem brennenden Haus mit Keulen zu erschlagen.

Namuri, ein eingeborener christlicher Lehrer, wurde

durch eine heimtückische Attacke schwer verletzt. Paton pflegte ihn gesund. Dann griff der heidnische Priester ihn ein zweitesmal an und verletzte ihn tödlich. Sterbend betete Namuri für die Tannesen. Sein Gebet wurde – wenn auch erst lange Zeit später – erhört.

Der Anfang vom Ende

Für den Preis von fünfzig Hosen, die John Patons ehemalige Bibelschülerinnen aus Glasgow ihm sandten, kaufte er Balken aus Aneityum, mit denen er ein Haus baute für Gottesdienste und die Schule. Aber nur wenige kamen zu den Gottesdiensten. Die Tannesen haßten das Haus. Sie wollten den allmächtigen Gott nicht.

Mit einer geschenkten Druckerpresse druckte John das erste kleine Buch in Tannesisch. Die Tannesen sollten Gottes Wort selber hören und lesen können. Aber die Tannesen wollten keine Bücher.

Die Angriffe häuften sich. Es war nun soweit, daß John an manchen Tagen Haus und Garten nicht verlassen konnte, weil Bewaffnete auf ihn angelegt hatten.

Ein gewissenloser britischer Sandelholzhändler stiftete die Eingeborenen dazu an, Johns Bootshaus aufzubrechen und stahl ihm sein generalüberholtes Boot, das seine ganze Verbindung zur Außenwelt darstellte.

Nach zwei Jahren Missionsarbeit erhielt Paton unerwartet Hilfe vom Ehepaar Johnston, das eine dritte Missionsstation auf Tanna errichten wollte, aber sich zum Erlernen der Sprache erst einmal bei ihm einquartierte.

Gleichzeitig geschah es, daß ein Sandelholzhändler sich vor Paton mit einer schrecklichen Tat brüstete: Er hatte soeben vier junge Leute, die masernkrank waren, in verschiedenen Häfen Tannas ausgesetzt. Nun sind Masern für diese Naturvölker aber eine tödliche Krankheit, weil sie keine ererbte Widerstandsfähigkeit dagegen besitzen. Der Händler hatte den jungen Häuptling Kepuku, den Schützer der Missionare Mathieson, mit dem Versprechen, ihm ein Geschenk zu machen, an Bord seines Schiffes gelockt und ihn dort 24 Stunden ohne Nahrung in einen Raum voller Masernkranker gesperrt.

Die Masern verbreiteten sich wie die Pest auf der Insel. In manchen Dörfern gab es kaum jemanden, der den Fiebernden Wasser bringen konnte. Manche sprangen im Fieberwahn ins Meer, um sich zu kühlen und starben dabei, andere gruben sich aus demselben Grund in die Erde ein und erstickten.

Die Wut der Überlebenden stieg ins Grenzenlose. Da schmiedete man einen raffinierten Mordplan. Das Opfer aber wurde nicht John, sondern der neue Missionar Johnston, der von hinten mit einem Stein niedergeschlagen und nur durch die Wachhunde gerettet wurde. Paton selbst verletzte sich gerade zu der Zeit beim Arbeiten mit der Axt.

Mr. Johnston aber schien trotz äußerer Unversehrtheit einen Schaden davongetragen zu haben. Er war völlig verändert, schlief überhaupt nicht mehr, und glitt nach einer Überdosis eines Beruhigungsmittels in einen Betäubungszustand (Koma), aus dem er nicht mehr erwachte. Für Paton war sein Tod ein furchtbarer Schock.

Wieder war er allein! Und krank war er außerdem! Die Verwundung entzündete sich, er bekam Wundfieber und war zeitweise bewußtlos. Wieder pflegte ihn der treue alte Abraham aus Aneityum, der ehemalige

Kannibale. Alle anderen Lehrer aus Aneityum waren vor den Masern und der Grausamkeit der Tannesen geflohen oder an den Masern gestorben.

Ein Drittel der Bevölkerung Tannas war von der Masernepidemie weggerafft worden. Die Sandelholzhändler benutzten die Krankheit als Grund gegen die Missionare. Sie schärften den Tannesen ein, daß die Masern eine Strafe ihrer Götter gewesen seien und daß sie nie wieder Flintenmunition und Tabak nach Tanna bringen würden, wenn nicht die Missionsstationen verschwänden. Für sie waren die Missionare eine ernsthafte Bedrohung, denn sie verurteilten die Stammeskriege und den Menschenhandel – die einen ernormen Zusatzverdienst für die Händler darstellten.

Dann kam ein schrecklicher Orkan, der eine Hungersnot zur Folge hatte. Auf der Nachbarinsel Erromanga brachten Eingeborene die Missionare Gordon um. Ein Händler brachte auf seinem Schiff Eingeborene von Erromanga nach Tanna, die mit ihren Greueltaten prahlten und die Häuptlinge auf Tanna aufriefen, es ihnen nachzutun. Das alles waren Signale für die kommende Verfolgung.

Hatte John Paton Angst? Zweifellos ja, aber mittlerweile hat er so viele Angriffe überlebt und so viele Freunde sterben sehen, daß er wußte, nur Gottes Hand konnte ihn in diesen Gefahren schützen. Und wenn er sterben mußte? Würde das heißen, daß Gott ihn nicht mehr bewahrt hätte oder sogar von ihm abgerückt wäre?

Nein, John wußte genau: Ob Leben oder Tod, Gottes Weg mit ihm persönlich gehörte zu Seinem großen Plan für die Menschen der Südseeinseln. John war nur ein kleiner Baustein in diesem Plan. Aber was nun auch geschehen mochte, auch John war für Gott wichtig und – ob Leben oder Tod – das, was das beste für ihn wäre, würde mit ihm geschehen.

Manches machte John Mut. Er hatte zur Belohnung für den ersten Eingeborenen, der in seiner Schule das Alphabet erlernte, ein rotes Hemd versprochen. Der es gewann, war ein sehr gefürchteter Häuptling der Inakaki, der von da begann, seinen Stamm zu unterrichten.

Dann war da aber wieder Miaki, der grausamste Kriegshäuptling, der vier fette Schweine an den Häuptling in Kwamera sandte. Sie sollten die Mathiesons ermorden, und danach würde er mit John Paton endgültig abrechnen ...

Flucht aus Port Resolution

An dem Grundstück der Missionsstation entzündete sich ein Streit zwischen einigen Stämmen. Jeder behauptete, es wäre sein Grundstück gewesen. Nun hatten die Missionare, um Frieden zu halten, bereits mehrmals einen Kaufpreis für das Grundstück bezahlt.

Der Häuptling Jan stellte sich auf Johns Seite. Er wollte für John alle Feinde erschießen, weil er befürchtete, daß nach Johns Ermordung jeder Gottesdienst von Tanna verbannt sein würde. John überredete ihn zum Frieden, denn er wollte nicht, daß Menschen um seinetwillen getötet würden.

Miaki tat so, als ob er auf alles eingehen würde. In Wirklichkeit jedoch begann er, einen großen Nahak gegen Jan zu veranstalten, d.h. er „verzauberte“ ihn. Was nun auch die Ursache sein mochte, (häufig war beim Nahak Gift im Spiel), Jan erkrankte tödlich. Er ließ John rufen.

Als John kam, lag das Dorf wie ausgestorben. Nur Jan lag auf seiner Matte. Mitten im Gespräch griff er plötzlich in das schräge Zuckerrohrhüttendach über ihm und zog ein Schlachtermesser daraus hervor. Er richtete es zitternd auf Johns Brust. Einige angstvolle Minuten schlichen dahin. John betete laut um den Schutz Gottes. Da schrie Jan: „Fort, fort! Schnell!"

Paton rannte so schnell er konnte und ließ das menschenleere Dorf hinter sich. Keiner hatte Zeuge des Mordes durch den sterbenden Jan sein sollen. Ein schlauer Plan, aber Gott hat den Arm des Häuptlings festgehalten.

Miaki triumphierte. Dieser Feind war beseitigt. Nun würde John bald an der Reihe sein. Heftige Kämpfe entbrannten. Miaki wiegelte die Stämme auf. Alle Christen sollten ermordet und verzehrt werden! Bei den Kämpfen wurde Nowar, der Schützer der Missionare, verletzt. Nowar bat John und Abraham, den alten Lehrer, zu seinem Dorf zu fliehen. Auf der Missionsstation konnte er sie nicht mehr schützen. Johns ganzer Besitz, Medikamente und Bücher, blieben auf der Station. Sie sollten für immer verloren sein... (Die Sandelholzhändler tauschten sie später gegen Pulver und Flinten mit den Eingeborenen – und bis auf einige schwer beschädigte Bücher erhielt John nie etwas zurück!)

Die Sicherheit in Nowars Dorf erwies sich als trügerisch. Endlose Massen tobender Krieger wälzten sich auf die Palisaden zu, die in Eile errichtet wurden. John und Abraham beteten, wie man nur in solchen Augenblicken betet. Tatsächlich standen die Krieger plötzlich still und marschierten zurück. Sie fielen nun über andere Dörfer her, wo sie aufs grausamste wüteten. Manuman, ein Anhänger Patons, und sein Stamm mußten für ihr Interesse am Christentum schwer büßen.

Nowar fürchtete sich vor Miakis Rache. Er riet John und Abraham, zu Mr. Mathiesons Station zu flüchten. Die Nacht mußte John in einem alten Kastanienbaum verbringen. Er hörte das Geschrei der Krieger, Flintenschüsse in der Ferne, aber er schrieb später, daß sein Heiland ihm nie so nahe gewesen wäre wie in dieser Nacht auf diesem Baum, wo er Seine Nähe spürte und mit Ihm reden durfte.

Nach Mitternacht holte Nowars Sohn den Versteckten zum Strand. Zum zweitenmal mußte John den Mietpreis für ein Boot bezahlen. Aber es blieb ihm nichts anderes übrig. Miaki hatte seine Boote gestohlen. Als das Boot im Wasser lag, gab Arkurat, der Besitzer, die Ruder nicht heraus. John appellierte an Nowar, doch Arkurat dazu zu bringen, ihm die Ruder zu geben. Doch Nowar zuckte die Achseln: „So ist er, Missi! So sind wir alle!“

Als sich schließlich einige bereit erklärten, ihre Ruder zu verleihen, verweigerte Arkurat wiederum das Boot – und dann rückte einer mit der Sprache heraus. Das alles war ein Betrug, denn die See war viel zu wild für das Boot, und Miaki lauerte bereits hinter dem Felsen, wo sie stranden würden.

Aber auch die Landwege nach Kwamera waren völlig überwacht. Also blieb doch nur das Boot mit einer winzigen Chance auf Rettung. Die See hinter dem Vorgebirge schien zu brausen und zu kochen. Die Ruderer wurden mutlos. Den Kannibalen entronnen, um Haifischfutter zu werden? Nein, rief John, das ist nicht Gottes Plan. Er erinnerte seine Begleiter daran, daß Jesus auch Herr über Wasserfluten ist. Sie ruderten los, aber nach fünf Stunden waren die fünf Männer wieder dort, wo sie sich eingeschifft hatten. Zu Tode erschöpft legten sie sich in den Sand und schliefen sofort ein.

Während des Schlafes stahl man John seinen allerletzten Besitz: seine Bibel und tannesische Übersetzungen. Erneut übergaben sich die Flüchtlinge dem Schutz Gottes. Nun blieb nur noch der Landweg, der von Miakis Leuten wimmelte. Die Flüchtlinge schlossen sich Faimungo, Nowars Schwiegersohn, an. Nowar verweigerte den Männern jeden Bissen Nahrung selbst von seiner Beute aus Beständen der Missionsstation!

Immer wieder begegneten sie feindlichen Trupps. Aber Faimungo verbat sich Angriffe auf den Missionar. Faimungo lagerte schließlich erschöpft – er trug schwer an seiner Beute von der Missionsstation – in einem Dorf. Die Hitze war groß. Nach wenigen Minuten kam mit Geheul ein Trupp Krieger an. Miaki hatte sie gesandt, um den Missionar zu überfallen.

Ein Wurfstein verfehlte knapp Abrahams Schädel, ein Keulenschlag ging daneben. Aber keiner der Angreifer traute sich, den ersten Schuß abzugeben. Eng umringten die blutdürstigen Feinde die kleine Gruppe. Die Knie bebten den Angegriffenen, Todesfurcht kroch in ihnen hoch, die Gedanken schwindelten, die Ohren brausten und die Augen flimmerten. Aber keinen Augenblick lang verging John das Wissen und das Gefühl, daß Gott dicht bei ihm war.

Die Flüchtlinge gingen schließlich weiter, als Faimungo seinen Weg fortsetzte. An beiden Seiten, vorn und hinten liefen die brüllenden Feinde mit. John fühlte sich wie Daniel in der Löwengrube.

Als sie einen Bach im Sprung überquerten, rutschte John als Letzter der Gruppe aus und glitt am Ufer des Baches ab. In diesem Augenblick hörte er, wie ein scharfkantiger Wurfstein über ihm weg durch die

Zweige surrte und am Ufer niederfiel. Wäre John nicht ausgeglitten ...

Schweigend blieben die Angreifer, deren Wurfsteine stets mit größten Sicherheit ihr Ziel treffen, am anderen Ufer stehen. Ob sie erkannten, daß sie einen Mann, den Gott bewahren will, nicht verletzen und töten konnten? Jedenfalls teilte sich die Gruppe und ging zurück.

Der Durst quälte sie alle entsetzlich. Aber sie durften sich nicht bücken, um aus einer Quelle zu trinken. Den Eingeborenen den Rücken zuzuwenden und sich zu bücken, würde sofort ihre Mordlust reizen. Faimungo war zwar im Moment ihr Beschützer, aber jeden Augenblick konnte er sich eines anderen besinnen.

Bis Faimungos Dorf konnten sie mitgehen. Nun waren noch einige Bezirke feindlicher Stämme zu durchqueren. Aber in einem Dorf ließ man sie ungehindert durchziehen (die Bewohner wurden später von Miaki bestraft), in einem anderen waren gerade alle Männer auf Kriegspfad.

Mr. Mathieson eilte ihnen entgegen, als er hörte, daß sie sich zu ihm durchgeschlagen hatten. Er hatte sie längst für tot gehalten. Die Mathiesons selbst hatten gerade ihr einziges Kind begraben müssen ...

In Kwamera

Die Weißen waren sich im klaren, daß sie die Insel dringend mit den aneityumesischen Lehrern verlassen mußten. Die Zeichen häuften sich, daß der Aufstand auf Kwamera übergriff.

Miaki, so hörten die entsetzten Christen, hauste

gräßlich auf der Insel. Trotz ausgesandter Signale und Briefe mieden die weißen Händler den Hafen von Kwamera. Sie wollten die Missionare, die für ihren Verkauf so störend wirkten, vernichtet sehen.

In der Nacht vom 3. auf den 4. Februar 1862 weckte Clutha, Patons treuer Hund, den Missionar. Leise weckte John Mr. Mathieson. Sie beteten gemeinsam. Draußen gingen Männer mit Fackeln auf das Haus zu. Andere zündeten die Kirche und den Zaun an, der von der Kirche zum Haus reichte.

John sprang mit der Axt aus dem Haus, um den brennenden Zaun niederzureißen, bevor das Feuer das Haus erreichte. Acht Bewaffnete umsprangen ihn. „Tötet ihn, tötet ihn!" feuerten sie sich gegenseitig an. Doch Gott beschützte ihn, und keinem gelang es, ihm ein Haar zu krümmen.

In diesem furchtbaren Augenblick ertönte ferner Donner. In kurzer Zeit trug der aufkommende Südwind die Flammen der Kirche vom Wohnhaus fort. Ein brausender Taifun fegte über die Insel und warf einen heftigen Regenguß auf das Land, der es unmöglich machte, das Wohnhaus anzuzünden. Die Krieger verstummten. Dann warfen sie die Fackeln fort, schrien „Ihr Gott kämpft für sie!" und flohen.

Die Wut der Eingeborenen stieg nach dem Unwetter. Durch Geschrei und Toben steigerten sie sich in Kampf- und Mordlust hinein und stürmten auf die Station zu. Im Augenblick höchster Gefahr ertönte ein Ruf. „Ein Schiff!" Das Toben verstummte – die Krieger liefen fort. Zwanzig Bewaffnete kamen vom Schiff her mit Booten, um die Missionare – falls sie überhaupt noch am Leben waren – zu retten. Die plötzlich anbrechende Tropennacht verwirrte jedoch die beiden schwerbeladenen Boote bei der Rückkehr zum Schiff, das seewärts abgetrieben worden war. Die Boote suchten Zuflucht im Hafen von Port Resolution. Der Herr schützte sie.

Am nächsten Tag ruderten die Boote unter der glühenden Sonne ins Meer, weit genug fort aus der Reichweite von Flintenkugeln, um auf das Schiff zu warten.

Da ruderten Nowar und Miaki zu den Booten. Miaki versuchte John zum Missionshaus zu locken. Er könnte dort sein angeblich unberührtes Gepäck holen. Als er sah, daß John nicht in die Falle ging, begann er zu prahlen mit der Plünderung, fluchte der christlichen Lehre und pries den Kannibalismus. Am Spätnachmittag endlich kam das rettende Schiff in Sicht, und John Paton verbrachte auf der Insel Aneityum zum erstenmal seit Jahren eine Nacht, in der er nicht um sein Leben fürchten mußte.

Noch im gleichen Jahr starben nacheinander die Mathiesons an der Folgen der Strapazen und des mörderischen Klimas. Es sollte noch Jahre dauern, bis das Christentum auf Tanna von den Menschen angenommen wurde. Aber zu der Zeit hatte sich für John Paton längst ein neuer Weg geöffnet.

Ein neuer Weg

In Aneityum überlegten die Missionare, was weiter geschehen sollte. Johns Gesundheit war so zerrüttet, daß man beschloß, ihn zur Erholung nach Australien zu schicken, um dort gleichzeitig für die Mission auf den Neuen Hebriden-Inseln zu werben. Der Vorfall auf Tanna hatte gezeigt, wie nötig die Mission ein Schiff brauchte, um von den Händlern unabhängig zu sein.

In Australien erzählte John Paton auf vielen Veranstaltungen in Kirchen und Kindergruppen von den Kannibalen auf Tanna. Besonders die Kinder zeigten großes Interesse. Da ließ John kleine „Anteilscheine" im Wert von 6 Pence (50 Pfennig) drucken, die die Kinder zu Tausenden kauften und so das später mit diesem Geld erworbene Missionsschiff als große Gemeinschaft „besaßen". Noch 20 Jahre später waren es die Kinder dieser Kinder in den Sonntagsschulen Australiens, die mit regelmäßigen kleinen Spenden für das Missionsschiff der Neuen Hebriden sorgten.

Australische Christen meldeten sich als Missionare und gaben Geld für die Mission. Sollte John nun auch nach Schottland reisen, um zu erzählen, in welcher Finsternis die Südseevölker lebten? Die ganze Hoffnung lag auf neuen Missionaren. Schließlich waren bereits auf Aneityum 3500 Kannibalen Christen geworden, auf den Fidschi-Inseln 7000, auf Samoa 3400.

Schottland

Nach einer aufregenden Seereise landete John Paton am 26. August 1863 am Ostindien-Dock in London. Der Empfang war warm. Der Missionar, der den Kannibalen um Haaresbreite entronnen war, wurde zu Berichten in Sonntagsschulen und Universitäten eingeladen.

John wußte, daß mancher spätere Missionar sich schon als Kind in der Sonntagsschule für den Herrn Jesus und für die Arbeit unter den Heiden entschieden hatte. So gründete er auch in Schottland einen Sonntagsschulkinderbund für die Kosten des Missionsschiffes „Morgenröte". In vielen Familien standen nun Sammelbüchsen, für die die Kinder verantwortlich waren.

Bei einer Reise in den hohen schottischen Norden zog sich John schwere Erfrierungen an den Füßen zu. Er stand kurz vor der Amputation. Aber was dann? Was würde aus seinem Auftrag werden? Eine Zeit großer Schmerzen folgte, aber schließlich besserte sich sein Zustand soweit, daß er weiterreisen konnte. Bevor er Schottland 1864 verließ, fand John seine zweite Frau.

Aniwa

Im November 1866 begann die Arbeit der Patons auf der Insel Aniwa, die Tanna benachbart liegt. Aniwa ist eine der kleineren Hebrideninseln. Ringsum liegt ein Gürtel aus Korallenriffen, an dem sich donnernd die See bricht. Die ganze Insel besteht aus Korallenkalk. Am Südende gibt es einen erloschenen Vulkan. Aber sonst gibt es dort keine Berge, an denen sich Regenwolken verdichten und abregnen könnten. Wenn nicht gerade Wirbelstürme Regen über die Insel jagen, ist es hier dürr und trocken. Nur die hohe Luftfeuchtigkeit begrünt das Land. Aber Bäche, Flüsse und Quellen kennen die Aniwaner nicht.

Der Empfang war freundlich. Lehrer aus Aneityum hatten für die Familie (inzwischen war ein Baby angekommen) eine Hütte gebaut, die gleichzeitig Wohnraum, Schule und Kirche sein mußte. Aber John sah dem Platz an, daß er „malariagünstig" lag. Er wählte den höchsten Punkt der Insel zum Bau eines Hauses. Aber die Insulaner weigerten sich, ihm den Platz zu verkaufen.

John wählte erneut, diesmal dichter am Strand. Ein günstiger Platz, wie sich erweisen sollte! In ausreichendem Abstand standen die Aniwaner dicht an dicht, als John und die Helfer begannen, eine Baugrube auszuheben. Sie warteten begierig auf eine gewaltige Strafe der Götter für die Bauleute, denn ... der Bauplatz war nichts anderes als eine Art heilige Stätte, wo die Überreste der Kannibalenfeste begraben wurden. Doch nichts geschah!

Der Gott des Missionars, so stellten die Aniwaner fest, mußte wohl mächtiger sein als ihre Götter. Später erfuhr John, weshalb er so schnell seinen Bauplatz bekommen hatte: Die Häuptlinge hofften, daß die Götter den geweihten Ort mit Todesstrafe für Paton schützen würden und sie so mühelos an den Besitz des dann toten Missionars kommen könnten.

Erste Schritte auf Aniwa

Nun mußte John wieder ans Lernen gehen. Auf Tanna sprach man Tannesisch, auf Aniwa Aniwanisch. Ein alter Häuptling half John bei den Sprachstudien, denn er wollte selbst lesen lernen, und dazu mußte es erst einmal geschriebene Worte in Aniwanisch geben. Die Aniwaner waren nicht ganz so diebisch wie die Tannesen, aber arbeiten wollten sie auch nicht.

Aber auch hier gab es Feindschaft. John fiel mehrmals einem Eingeborenen, der die Keule zum Schlag erhob, in den Arm oder umklammerte einen Mann, der die Flinte gegen ihn erhoben hatte, bis dessen Wut nachließ. Er schob Flintenläufe, die auf ihn gerichtet waren in die Höhe, und der Todesschuß verhallte in der Luft. Man wollte aus Haß darauf, daß die Steine nicht mehr angebetet werden sollten, ihm das Dach über dem Kopf anzünden. Aber Gott hielt wie auf Tanna die Hand über ihn.

Schließlich benutzte Gott ein besonderes Ereignis, um die Menschen auf Aniwa anzurühren. Wie schon gesagt, besaß die Insel keine Quellen, Bäche, Flüsse, aus denen die Aniwaner Süßwasser schöpfen konnte. Wenn es in der Regenzeit von Dezember bis April zu starken Regengüssen kam, fingen die Insulaner Trinkwasser auf. Das war natürlich schnell verbraucht. Wenn es länger aufbewahrt wurde, vermehrten sich rasch Keime darin, so daß die Aniwaner unter schweren Krankheiten litten. Wer Durst hatte, trank deshalb Kokosnußmilch oder kaute Zuckerrohr.

John Paton wollte deshalb einen Brunnen bauen. Seine Familie brauchte Frischwasser. Einen Brunnen?! Das war ein Fremdwort für die Aniwaner! Regen, so sagten die Insulaner zu John, kommt nur von oben und nicht von unten aus der Erde! Die Häuptlinge waren überzeugt, daß ihr Missionar geistig verwirrt war. Sie baten ihn, seine Ideen für sich zu behalten – sonst würdc kcin Insulaner mehr auf seine Predigt hören!

Doch John begann. Zuerst betete er um den richtigen Platz für den Brunnenbau, dann wählte er ein Gelände, das gut sichtbar dalag. Eimer um Eimer grub er die lockere Erde weg, er stieß tief und tiefer, stets bewacht und neugierig beäugt von mehr oder weniger mitleidigen Insulanern. Sie schienen recht zu behalten. War Aniwa wirklich eine Insel ohne Trinkwasser? Und wenn er auf Wasser stieß, war es dann nicht nur das ungenießbare salzige Seewasser? John betete immer wieder. Es ging nicht nur um das Wasser, sondern auch um die Ehre Gottes. Und schließlich stieg langsam Wasser, trinkbares Süßwasser, in der Tiefe empor. Ein Brunnen Gottes! „Regen“ aus der Erde!

Namakei, ein aniwanischer Häuptling, war nun überzeugt, daß Gott der Schöpfer, wenn er den Aniwanern schon Regen aus der Erde schenken würde, sie erst recht von ihren Sünden erlösen könnte. Auf Aniwa geschah nun ein viel größeres Wunder: Nach und nach wurden aus den Kannibalen Christen, die ein neues Leben begannen.

Aus Nasi, einem grausamen Mörder und Menschenfresser zum Beispiel, wurde ein Christ, der mit großer Begeisterung die Bibel las und sie schließlich den anderen Aniwanern erklären konnte. John Paton war am Ziel angelangt: Kannibalen für den Herrn Jesus zu gewinnen.

„Errette, die zum Tode geschleppt werden,
und die zur Würgung hinwanken,
o halte sie zurück!

Wenn du sprichst:
Siehe, wir wußten nichts davon –
wird nicht er, der die Herzen wägt, es merken?
Und er, der auf deine Seele achthat, es wissen?
Und er wird dem Menschen vergelten
nach seinem Tun.“

Sprüche 24, 11+12

Die ausführliche Autobiographie ist erschienen in der Christlichen Literatur-Verbreitung · Postfach 110135 · 4800 Bielefeld 11

Charles H. Spurgeon

Prediger von Gottes Gnaden

Charles Haddon Spurgeon, am 19. Juni 1834 in Kelveden in der englischen Grafschaft Essex geboren, verlebte seine Kindheit bei den Großeltern.

Der Vater von Charles Spurgeon, John, war Prediger, ebenso sein Großvater James. Daher ist es nicht verwunderlich, daß Charles von Anfang an ebenfalls für diese Laufbahn bestimmt wurde.

Die ersten Lebensjahre bei den Großeltern

Der Großvater, James Spurgeon, war 54 Jahre lang Prediger einer kleinen Gemeinde. Auch Charles' Vater predigte sonntags. Das war ein Dienst, den er 16 Jahre lang ausübte. Werktags arbeitete er als Bergmann in einem Kohlenbergwerk. Er hatte insgesamt 15 Kinder, von denen neun schon früh starben.

Mit achtzehn Monaten kam der kleine Charles ins Pfarrhaus nach Stambourne. Dort beschäftigte sich seine Tante Ann, die ebenfalls dort wohnte, viel mit ihm; sie lehrte ihn schreiben und manches auswendiglernen.

Mit sieben Jahren kehrte Charles zu seinen Eltern zurück, verbrachte aber auch weiterhin die meisten Ferien bei den Großeltern.

Die frühen Kindheitsjahre in Stambourne prägten

Charles' Charakter. Sein größter Kummer war damals, daß er vom Großvater wegmußte.

Bei seiner Heimkehr nach Colchester hatte sich die Familie Spurgeon um drei weitere kleinere Geschwister vermehrt, zwei Mädchen und einen Jungen, die ihren großen Bruder glühend verehrten.

Ein begabter und fleißiger Junge

Zuerst besuchte Charles die Schule einer gewissen Frau Cook, aber als es da nichts mehr zu lernen gab, kam er an eine andere Schule. Dort gewann er im Alter von zehn Jahren den ersten Preis in Englisch.

Mit vierzehn wurde Charles mit seinem Bruder an eine Schule nach Maidstone geschickt, wo sein Onkel Lehrer war. Auch dort machte er rasche Fortschritte in den Fächern Lesen, Schreiben, Rechnen, Rechtschreiben, in griechischer und lateinischer Grammatik sowie in Philosophie.

Seine mathematischen Fähigkeiten waren damals so hervorragend, daß er die Tabellen ausrechnen durfte, die noch heute bei einer Londoner Lebensversicherungs-Gesellschaft in Gebrauch sind.

Der junge Spurgeon suchte ernsthaft nach dem Sinn seines Lebens. Zwischen zehn und fünfzehn Jahren lernte er viele wesentliche Dinge, für die andere ihr ganzes Leben brauchen.

„Ich muß bekennen", sagte er, „daß ich nie den Herrn Jesus gefunden hätte, wenn es auf mich angekommen wäre. Solange ich konnte, war ich aufsässig, rebellisch und lehnte mich gegen Gott auf. Wenn er wollte, daß ich betete, wollte ich nicht; wenn er mich unter die Verkündigung seines Wortes bringen wollte, weigerte ich mich. Und wenn ich die Botschaft vom Heil in Jesus hörte und mir die Tränen die Wangen herunterliefen, wischte ich sie ab und verhärtete mein Herz. Aber lange, ehe ich mit Jesus Christus anfing, fing er mit mir an."

Seiner Mutter verdankte Charles sein erstes Interesse an geistlichen Dingen. Sie betete mit ihm und erzählte ihm von Jesus.

Jeden Sonntagabend pflegte Frau Spurgeon ihre Kinder um den Tisch zu versammeln, las ihnen aus dem Wort Gottes vor und erklärte ihnen Vers für Vers. Charles sagte später, er und seine Geschwister hätten manche Wendungen in den Gebeten ihrer Mutter ihr ganzes Leben lang nicht vergessen.

„Blicke auf Jesus!"

Schließlich, am 6. Januar 1850, nahm Charles Haddon Spurgeon Jesus als seinen persönlichen Heiland an. An diesem Tag war er auf dem Weg zu einer bestimmten Kirche. Weil unterwegs ein Sturm aufkam, entschloß er sich, eine andere Kirche, die in der Nähe war, zu besuchen. Als er eintrat, stellte er fest, daß weniger als fünfzehn Leute anwesend waren.

Da der Prediger wegen des Unwetters nicht kam, stand ein Schuhmacher auf, um einzuspringen. Er predigte über Jesaja 45,22: „Wendet euch zu mir, so werdet ihr gerettet, aller Welt Enden."

Während der Predigt deutete der Mann mit dem Finger auf den jungen Charles und sprach: „Junger Mann, du bist in Schwierigkeiten. Wende dich doch an Jesus Christus. Blicke auf ihn! Wende dich doch zu ihm!"

Und Spurgeon gehorchte und lieferte sein Herz und Leben dem Herrn Jesus aus. Am gleichen Sonntag beschloß er, ein Verkündiger des Wortes Gottes zu werden.

Am Geburtstag seiner Mutter, dem 3. Mai 1851, ließ er sich taufen. Dabei erklärte er: „Mein Gewissen hat mich davon überzeugt, daß es meine Pflicht ist, mit Christus in der Taufe begraben zu werden, wenngleich ich sicher bin, daß die Taufe nicht zum Heil notwendig ist."

Sogleich begann Charles, für seinen Herrn zu wirken; er übernahm eine Sonntagsschulklasse von Jungen, verteilte Traktate und besuchte die Armen.

Mit sechzehn Jahren Prediger

„Keine Zeit ist besser zum Arbeiten geeignet als die ersten Stunden des Tages und keine Zeit besser zum Dienst für den Herrn als die Tage der Jugend", sagte Spurgeon einmal. Früh am Morgen pflegte er aufzustehen, um in der Heiligen Schrift zu lesen und zu beten. Die übrigen Stunden des Tages verbrachte er mit Studieren. Abends verkündigte er das Wort Gottes.

Mit sechzehn Jahren trat er einer Vereinigung bei, die sich „Verein der Laienprediger" nannte. Seine erste Predigt hielt er in einem Haus in der Nähe von Cambridge. Der Ruf des „Predigerleins" breitete sich aus. Bald predigte er in Kapellen, Häusern und im Freien an dreizehn Orten in der Umgebung, und zwar abends, wenn die Schularbeiten erledigt waren.

1852 erhielt er seine erste Pfarrstelle in Waterbeach, zehn Kilometer von Cambridge entfernt. Am ersten Sonntag kamen kaum ein Dutzend Leute zum Gottesdienst, aber das änderte sich bald.

Die Kirche, ursprünglich eine Scheune, war mit Bänken und einer Kanzel ausgestattet. Das Gehalt des jungen Predigers betrug etwa 80 DM monatlich; dazu versorgten ihn die Gemeindemitglieder hin und wieder mit Lebensmitteln.

Zweieinhalb Jahre lang blieb Spurgeon Prediger an dieser Gemeinde. Als er mit seiner Arbeit begann, herrschten in der Stadt Trunkenheit, Leichtsinn und viel Sünde. Aber das wurde bald anders. Sonntag für Sonntag war die kleine Kapelle brechend voll. Die Leute fingen an, ihre Sünden zu bekennen und wollten mit Gott ins reine kommen.

Die erste Person, die sich durch Spurgeon bekehrte, war die Frau eines Arbeiters. Er schätzte diese Seele höher ein als all die vielen anderen, die nachkamen. „Ich kam mir vor wie ein Junge, der sein erstes Geldstück verdient, oder wie ein Taucher, der in die Tiefe des Meeres hinabsteigt und eine seltene Perle findet."

Auf nach London

Mit 19 Jahren hielt Spurgeon eine Ansprache vor Sonntagsschullehrern in Cambridge. Hinterher wurde er von den älteren Männern heftig kritisiert, er habe kein Recht, das Alter zu belehren. Sie sagten ihm, er wäre besser bei seiner Gemeinde geblieben, wenigstens so lange, bis er alt genug sei, daß ihm ein Bart wachse.

Die positive Folge dieser Ansprache war jedoch, daß er eine Einladung in eine Kirche nach London erhielt. Es handelte sich um eine der führenden Baptistengemeinden, eine von den sechs, die mehr als 300 Mitglieder hatten.

Weil die Kirche sehr ungünstig gelegen war, war der Besuch seit längerer Zeit zurückgegangen. Nun war die Predigerstelle seit drei Monaten verwaist. Einer der Männer, die Spurgeon gehört hatten, ein Diakon der Londoner Gemeinde, sagte in seiner Gemeinde: „Wenn ihr wollt, daß sich eure Kirchenbänke wieder füllen, dann holt euch den jungen Mann namens Spurgeon, den ich in Cambridge habe predigen hören."

Der junge Mann war von der Einladung, Prediger dieser großen Gemeinde zu werden, so überrascht, daß er zurückschrieb, man müsse sich geirrt haben.

Umgehend erhielt er ein Antwortschreiben, in dem es kurz hieß: „Sie sind der Mann, den wir meinen. Wir haben uns nicht geirrt!"

Immer noch im Zweifel, ob es sich nicht doch um einen Irrtum handeln könne, traf Spurgeon die Abmachung, am 18. Dezember 1853 zu kommen und eine Predigt zu halten.

Nach einem sehr unfreundlichen Empfang war er versucht, noch im letzten Augenblick abzusagen. Als er aber dann vor der spärlich versammelten Gemeinde stand (etwa 80 Leute waren gekommen), gewann er wieder Vertrauen und verkündigte ernst und gewissenhaft das Wort Gottes.

Bald breitete sich die Neuigkeit von dem großartigen jungen Mann vom Lande in der Umgebung aus. Am Nachmittag ging man zu Freunden, lud sie zum Abendgottesdienst ein, und die Folge war, daß die abendliche Veranstaltung äußerst gut besucht war.

Unter den Zuhörern befand sich auch die junge Frau, die später seine treue Lebensgefährtin werden sollte.

Die Leute waren so begeistert, daß sie nicht weichen wollten, bis ihnen von den Diakonen versichert wurde, daß man alles tun wolle, um den Prediger noch einmal einzuladen.

Bisher war noch kein Prediger, der in den Monaten, seit die Predigerstelle verwaist war, einen Gottesdienst übernommen hatte, ein zweites Mal eingeladen worden. Spurgeon aber kam wieder, und zwar am 1., 3. und am 5. Sonntag des Monats Januar 1854.

Sein Dienst sagte allen so zu, daß man ihm am 25. Januar das Angebot machte, sechs Monate probeweise die Gemeinde zu übernehmen und dann eventuell ganz dazubleiben.

Schon vor Ablauf der sechs Monate berief man den Ältestenrat zu einer Sondersitzung zusammen. Dort faßte man den Beschluß, Spurgeon zu bitten, ständiger Prediger der Gemeinde zu werden.

Fast von Anfang an war die Kirche in der New Park Street bis auf den letzten Platz besetzt. An sechs aufeinanderfolgenden Sonntagabenden standen die Menschen zudem noch dichtgedrängt in den umliegenden Straßen.

All das war für Charles Spurgeon sehr schwierig, denn er besaß noch nicht die laute Stimme, die nötig ist, um vor einer großen Menge zu sprechen. Manchmal setzte sie fast ganz aus. Aber nach etwa einem Jahr war Spurgeon soweit, daß er ohne allzu große Anstrengungen laut sprechen konnte.

Immer wieder baute man an die Kirche an, und immer wieder wurde sie zu klein.

Eines Sonntags, als der Innenraum brechend voll war und draußen weitere 10 000 Menschen standen, wurde Feueralarm gegeben. Eine schreckliche Panik ergriff die Menschen. Sieben kamen ums Leben, 28 weitere wurden schwer verletzt.

Das erschütterte Spurgeon so sehr, daß er Tag und Nacht weinte.

Als 22jähriger vor Zehntausenden von Zuhörern

In den darauffolgenden Jahren predigte Spurgeon Sonntag für Sonntag vor zehntausend Menschen. Er sprach in den größten Versammlungssälen Englands,

Schottlands, Irlands und Wales'. Außerdem hielt er Versammlungen im Freien ab. Mit 22 Jahren war er der bekannteste Prediger seiner Zeit.

Als er im Jahre 1854 in der Kapelle der New Park Street seinen Dienst begann, bestand die Gemeinde aus 232 Gliedern. Bis Ende 1891 waren 14 460 neue Glieder getauft worden. Insgesamt umfaßte die Gemeinde dann 5 311 Mitglieder.

Im März 1861 wurde eine neue Kirche, das Metropolitan Tabernacle, fertiggestellt. In den folgenden 31 Jahren hörten dort jeden Sonntag am Vormittag und am Abend etwa 5 000 Menschen die Predigten Spurgeons. Seine Versammlungen waren so überfüllt, daß er schließlich die regelmäßigen Besucher bat, den darauffolgenden Gottesdienst nicht zu besuchen. Aber auch dann noch war die Kirche voll besetzt.

Am 7. Oktober 1857, als Spurgeon 23 Jahre alt war, hatte man den größten Bau gemietet, den es gab. 23 654 Besucher nahmen an der Versammlung teil. Nach dem Gottesdienst war Spurgeon dann so erschöpft und verausgabt, daß er von Mittwoch bis Freitagmorgen ununterbrochen schlief.

Die Menschenmassen, die sich zu Spurgeons Veranstaltungen drängten, bestanden meist aus einfachen Leuten; aber es waren auch Adelige darunter. Selbst Königin Victoria kam verkleidet, ferner hohe Beamte, Soldaten, Schriftsteller, Künstler und Minister.

Familienleben

Eines Tages bemerkte der junge Spurgeon eine sehr anziehende junge Dame unter seinen Zuhörern. Susanna wurde am 8. Januar 1856 seine Frau. Gott schenkte ihnen später Zwillinge, die sie Charles und Thomas nannten.

Ihr Familienleben war ideal, wenngleich Frau Spurgeon oft krank war. Aber im Hause Spurgeon gab es nie Ärger oder Gereiztheit.

Es war eine große Freude für die Eltern, als die Söhne getauft wurden und später in einem Haus in Wandsworth mit Predigen anfingen. Beide schlugen eine kaufmännische Laufbahn ein, der eine im Büro eines Geschäftshauses der Stadt, der andere als Holzschnitzer. Aber beide verkündigten in ihrer Freizeit das Wort Gottes.

Später übernahm Charles, der ältere Sohn, nach Predigerstellen in Greenwich, Nottingham, Cheltenham und Hove die Nachfolge seines Vaters in der Verwaltung des von ihm gegründeten Waisenhauses.

Thomas, der jüngere Sohn, wurde nach einem Dienst in Australien und Neuseeland Nachfolger seines Vaters im Predigtamt an der Tabernacle-Kirche. Dieses Amt bekleidete er 14 Jahre lang.

Susanna Spurgeon wurde immer kränklicher und konnte daher ihren Mann nicht mehr auf seinen Reisen begleiten.

Es heißt, Spurgeon habe in seinem Leben über 3500 Predigten gehalten. Seine Sonntagspredigten wurden in großer Auflage gedruckt und verkauft.

Außer seiner regulären Tätigkeit als Pfarrer und Prediger an seiner Kirche veröffentlichte er von 1855 an wöchentlich eine Predigt, gründete das Pastors' College (Predigerseminar), baute eine Reihe von Sonntagsschulen und Kirchen, war der Präsident einer Gesellschaft zum Vertrieb von Bibeln und Traktaten und begründete die Stockwell-Anstalt, ein Waisenhaus, bestehend aus zwölf Gebäuden, in denen etwa 5000 Kinder untergebracht waren.

Am 7. Juni 1891 hielt Spurgeon in seiner Kirche, dem Metropolitan Tabernacle, seine letzte Predigt. Er war erst 56 Jahre alt, aber äußerst schwach. Die Furchen in seinem Gesicht und sein weißes Haar ließen ihn viel älter erscheinen, als er war.

Kurz vor seinem Lebensende sagte er zu seiner Frau: „O liebe Frau, ich hatte ja solch eine herrliche Zeit mit meinem Herrn."

Dann, am 31. Januar 1892, nach 40jährigem Dienst für das Reich Gottes, ging Charles Haddon Spurgeon in die Freude seines Herrn ein. Er starb in Menton in Frankreich, wo er sich zur Erholung aufhielt.

Am 4. Februar fand in Menton ein Gedächtnisgottesdienst statt; dann wurde der Leichnam zum Victoria-Bahnhof in London überführt und abends in der Tabernacle-Kirche aufgebahrt. Dort zogen am darauffolgenden Tag 60 000 Menschen an seiner Bahre vorbei, um von dem großen Gottesmann Abschied zu nehmen.

Die Tabernacle-Kirche besteht heute noch; auch das College bildet immer noch Männer für den Verkündigungsdienst aus. Die Waisenanstalt befindet sich heute an einem anderen Ort, arbeitet aber immer noch im Sinne Spurgeons, elternlose Kinder aufzunehmen und ihnen eine christliche Erziehung zu vermitteln. So geht das Werk von Charles Haddon Spurgeon weiter.

William Booth
Der Gründer der Heilsarmee

William Booth wurde am 10. April 1829 in Nottingham in England geboren. Er wuchs in keinem christlichen Elternhaus auf. Sein Vater, Samuel Booth, nahm erst auf dem Sterbebett Jesus als seinen Retter an. Aber manches von dem, was William Booth später durch die Heilsarmee verwirklichte, war die Folge davon, daß er in seinem Elternhaus und seiner unmittelbaren Umgebung bei Freunden und Nachbarn die Armut kennengelernt hatte.

Harte Jugend

Als William 13 Jahre alt war, erklärte ihm sein Vater eines Tages, die Familie habe ihr ganzes Geld verloren; deshalb müsse er jetzt arbeiten gehen, um zum Unterhalt der Familie beizutragen. Er gab William bei einem Pfandleiher in die Lehre, weil er in diesem Beruf einmal viel Geld verdienen könne.

Der Junge versuchte, seinem Vater klarzumachen, daß er nicht aufs Gelverdienen aus sei; er wolle lieber Menschen helfen. Dafür aber hatte sein Vater keinerlei Verständnis. Während also seine Freunde weiter zur Schule gingen, mußte William Booth Geld verdienen.

Sein Arbeitstag war alles andere als kurz. Oft arbeitete er zwölf bis sechzehn Stunden am Tag, und das bei sehr kärglichem Lohn. Abends war er dann so müde, daß er oft ohne sich auszuziehen ins Bett fiel.

Nottingham war als lasterhafte Stadt bekannt. Durch die ungemein hohen Steuern herrschte überall drückende Armut. Bekamen die Männer einmal Geld in die Hand, dann gaben sie es für Alkohol und Vergnügen aus. Das bekümmerte William sehr. Er wußte, daß etwas geschehen mußte, um diesem Übel abzuhelfen. Aber was?

In der Stadt hatte sich eine Gruppe gebildet, die eifrig auf einen Machtwechsel sowie auf die Verbesserung der Lebensverhältnisse in der Stadt hinarbeitete.

Als William davon erfuhr, schloß er sich diesem Kreis an, weil er glaubte, so am besten helfen zu können. Regelmäßig besuchte er die Veranstaltungen und beteiligte sich eifrig an einer Unterschriftensammlung, die man zusammen mit einem entsprechenden Gesuch der Regierung vorlegen wollte.

Aber es dauerte nicht lange, bis William erkannte, daß auch in dieser Organisation manches nicht stimmte. Zum Beispiel waren zahlreiche Unterschriften auf unlautere Weise zustande gekommen; viele waren gefälscht worden. Nicht wenige hatte man einfach alten Adressbüchern, ja sogar Grabsteinen auf Friedhöfen entnommen. Statt einer Million Unterschriften, wie man gehofft hatte, brachte man es nur auf etwa 200 000.

Mit 15 bekehrt

Bis zu diesem Zeitpunkt hatte William Booth Jesus Christus noch nicht als Heiland und Herrn angenommen. Erst nach dem Tod seines Vaters begann er, sich ernsthaft mit religiösen Fragen zu beschäftigen.

Als der alte Samuel Booth auf dem Sterbebett lag, hatte ihn ein Freund besucht und ihm die Botschaft von Jesus, dem Sünderheiland, gebracht. Daraufhin hatte er den Herrn Jesus als seinen Erlöser angenommen.

Von dieser Zeit an besuchte der damals 15jährige William die Gottesdienste in der Wesley-Kapelle in Nottingham. Dort entschloß er sich schließlich, Jesus als seinen persönlichen Heiland anzunehmen und ihm sein Leben auszuliefern.

Gleich nachdem er ein Gotteskind geworden war, hatte er das Verlangen, auch anderen von dem Frieden zu erzählen, den er nun besaß.

Schon immer hatten ihm die Armen am Herzen gelegen. Nun, da er gläubig geworden war, fühlte er sich noch mehr für sie verantwortlich. Eines Tages brachte er eine Schar armer, zerlumpter Burschen aus dem Armenviertel mit in die Kirche.

Der Pfarrer wurde jedoch böse auf ihn, anstatt sich darüber zu freuen. Er erklärte William, wenn er noch einmal arme Leute mitbringen wolle, müßten sie die Kirche durch die Hintertür betreten und dort sitzen, wo sie nicht gesehen werden konnten.

Booth ließ sich aber nicht beirren. Unverdrossen setzte er seine Arbeit unter der armen Bevölkerung fort.

Vom Pfandleiher zum Prediger

Schon in jungen Jahren fing William an zu predigen. Seine Arbeit als Pfandleiher gab er auf und trat in den vollzeitlichen Dienst als Prediger.

Das aber erwies sich als gar nicht einfach für ihn, denn Predigen brachte kein Geld ein. Mehr als einmal hatte er nichts zu essen; auch war es oft äußerst schwierig, eine Unterkunft zu finden, weil er nur sehr wenig zahlen konnte.

Aber Gott segnete die Arbeit von William Booth, besonders als er mit der Evangelisationsarbeit anfing. Anstatt in einer Gemeinde zu bleiben, zog er von Ort zu Ort und verkündigte die frohe Botschaft von Jesus. Manchmal hielt er seine Versammlungen an einer Straßenecke, manchmal in einem alten Haus, aber stets zur Ehre Gottes.

Um diese Zeit erschienen auch in den Zeitungen Artikel über ihn und seinen Dienst. Seine Arbeit erregte sogar die Aufmerksamkeit des Parlaments, das sein Wirken unter den Armen lobend würdigte.

Auf der Hochzeitsreise

In einer seiner Versammlungen lernte William eine junge Dame kennen, Katherine Mumford. Aus Interesse wurde Liebe, und sie wurde seine treue Lebensgefährtin.

Nach ihrer Hochzeit entschlossen sich William und Katherine zu einer kurzen Reise auf die Kanalinsel Guernsey.

Bei ihrer Ankunft hatten sich an der Landungsbrücke viele Menschen versammelt, die sie bestürmten, auch hier Erweckungsversammlungen abzuhalten. Sie willigten ein.

Der Andrang war groß, und die Besucher kamen so frühzeitig zu den Veranstaltungen, daß die Kirchentüren bereits um halb sechs geöffnet werden mußten, um die Leute für die Abendversammlung einzulassen.

Auf dieser Evangelisationstour, die eigentlich eine Hochzeitsreise sein sollte, kamen viele Menschen zum Glauben an Jesus Christus.

Danach setzte Booth seine Evangelisationsversammlungen eifrig fort. Sein Hauptaugenmerk galt jedoch weiter den Armen und Trunksüchtigen.

Evangelisation unter den Armen

Eines Tages beschloß der oberste Kirchenrat, Booth solle eine feste Pfarrstelle übernehmen, statt als Evangelist im Lande umherzureisen. Aber das Evangelisieren war nun einmal Booths Berufung. Das versuchte er verzweifelt seinen Vorgesetzten klarzumachen. Sie aber bestanden darauf, er müsse eine Gemeinde übernehmen.

Sein Dienst war so wirkungsvoll, daß man die betreffende Kirche bald den „Bekehrungsladen" nannte.

Bei ihren Hausbesuchen sahen Herr und Frau Booth immer deutlicher, wie groß die Armut war. Viele Familien hatten nichts zu essen, weil die Männer alles Geld in Alkohol umsetzten.

Schließlich erklärte Booth dem Kirchenrat mit aller Entschiedenheit, daß er seine Kraft nicht länger nur für eine Gemeinde einsetzen könne, sondern seine Evangelisationsarbeit wieder aufnehmen werde, um die vielen Armen besser erreichen zu können.

William und Katherine Booth nahmen ihre neue Arbeit ohne feste Unterstützung von irgendeiner Seite in Angriff.

Damals beschlossen sie auch, nach London überzusiedeln. Sie hatten mittlerweile vier Kinder zu versorgen, was bei den geringen Mitteln alles andere als einfach war. Die Einladungen zu Evangelisationsversammlungen kamen spärlicher, als sie erwartet hatten.

Eines Tages wurde Booth kurzfristig aufgefordert, eine evangelistische Veranstaltung abzuhalten. Der für die Veranstaltung vorgesehene Evangelist war plötzlich erkrankt.

Auf dem Gelände eines Friedhofs in einem der schlimmsten Elendsviertel der Stadt war ein großes Zelt errichtet worden. Die Besucher bestanden zum größten Teil aus Trinkern und Landstreichern. Durch die Predigt Booths wurden viele von der frohen Botschaft angesprochen und entschieden sich für Jesus.

Jeden Abend fanden zwei Veranstaltungen statt, sonntags sogar vier. Jedesmal kamen mehr als ein halbes Dutzend, manchmal sogar ein Dutzend Menschen nach vorn, um Jesus anzunehmen.

Wieder war die Familie Booth in Geldnot, weil William Menschen predigte, die selber nichts hatten. Aber im Glauben setzte er die Arbeit fort.

Manche der in den Versammlungen Bekehrten wollten selbst für ihren Heiland Zeugnis geben. Zu ihrer weiteren Betreuung gründete Booth eine Gesellschaft. Auch ermutigte er sie, sich mit Opfergaben an der Arbeit des Herrn zu beteiligen. Er sagte ihnen, früher hätten sie nahezu alles Geld für Bier und Tabak ausgegeben, jetzt sollten sie es ebenso bereitwillig für den Dienst des Herrn opfern.

Die Arbeit dehnt sich aus

Die Arbeit William Booths und das Zeugnis seiner Neubekehrten zog immer weitere Kreise, so daß schließlich auch Leute aus anderen Stadtteilen Londons mit der Bitte an ihn herantraten, bei ihnen Versammlungen abzuhalten.

Allmählich breitete sich sein Werk auf die ganze Stadt aus. Aber auch jetzt hielt Booth daran fest, in erster Linie den Ärmsten der Armen zu dienen und ihnen zu helfen.

Die meisten seiner Bekehrten waren ungebildete Leute. Sie machten oft Fehler in der Erklärung der Heiligen Schrift, aber Gott gebrauchte ihr Zeugnis dazu, daß sich immer neue Scharen zu Jesus Christus als ihrem Erretter bekehrten.

Um diese Zeit hatte die Familie Booth bereits acht Kinder, und der Vater betete zu Gott, er möge ein jedes von ihnen in eine ähnliche Arbeit wie die seine führen.

Die „Heilsarmee" entsteht

Eines Tages, als William Booth seinem Sekretär, Herrn Railton, einen Brief diktierte, sagte er unter anderem: „Wir sind eine Armee von Freiwilligen."

Booths Sohn Bramwell hörte diesen Ausdruck seines Vaters und bemerkte dazu: „Freiwillige? Ich bin kein Freiwilliger. Ich bin ein Berufssoldat!"

Als William Booth das hörte, ließ er seinen Sekretär das Wort „Freiwillige" streichen und dafür schreiben: „Wir sind eine Armee des Heils." So entstand der Name „Heilsarmee".

Weil Booth der Leiter seines Werkes war, gab man ihm bald den Titel „General". Nach vielen Gebeten und Überlegungen entschied er sich, die Dienste in seinem Werk ähnlich aufzugliedern, wie es bei der Armee üblich war; so führte er militärische Dienstgrade und Uniformen ein.

Bis zum heutigen Tag hat die Heilsarmee an diesem Brauch festgehalten. Alle, die sich auf den Dienst in der Heilsarmee vorbereiten, werden „Kadetten" genannt; weitere wichtige Dienstgrade sind „Kapitän", „Oberst" und „General".

Weil viele, die jetzt mit General Booth zusammenarbeiteten, ein Instrument spielen konnten, gründeten sie bald eine Band. Diese Band marschierte vor den Versammlungen die Straße auf und ab. Sobald die Gruppe an einer Straßenecke Aufstellung nahm, stellte der Trommler sein Instrument in die Mitte. Wenn dann im Laufe der Versammlung die Einladung erging, nach vorn zu kommen, diente die Trommel als Altar, wo sich die Leute hinknieten, um den Herrn Jesus als ihren persönlichen Heiland anzunehmen.

Ein Heim für Obdachlose

General Booth lagen auch die Obdachlosen sehr am Herzen. Eines Tages fragte er seinen ältesten Sohn, ob er wisse, daß es viele Menschen gäbe, die kein Dach über dem Kopf hätten.

„Ja", erwiderte der Junge.

„Dann müßtest du dich eigentlich schämen, daß du es gewußt und nichts für sie getan hast", entgegnete der General.

Daraufhin gab er seinem Sohn den Auftrag, einen Ort zu suchen, wo sie arme Leute verpflegen und unterbringen könnten.

Der Junge wußte nicht, was er tun sollte, denn das würde doch Geld kosten. Schließlich äußerte er seinem Vater gegenüber seine Bedenken.

„Das ist deine Sache", lautete die Antwort des Generals.

Gehorsam machte sich der Junge auf die Suche und fand ein altes Lagerhaus. Der Herr gab alles, was zur Einrichtung nötig war.

Bis zum heutigen Tag besteht der Dienst der Heilsarmee in der Verkündigung der Frohen Botschaft, im Seelengewinnen sowie in der Fürsorge für Hungrige und Obdachlose.

Oft stand General Booth in der Nacht auf und ging im Zimmer hin und her. Einmal, als ihn sein Sohn fragte, was er tue, antwortete er, er denke nach. Der Junge fragte, worüber er denn nachdenke. Da erwiderte der Vater: „Über die Sünden der Menschen." Die Sorge um die Seelen der in der Gottesferne lebenden Menschen war seit seiner Bekehrung sein größtes Anliegen.

Die „Mutter der Heilsarmee"

Als Katherine Booth 59 Jahre alt war, stellte man fest, daß sie an Krebs erkrankt war. General Booth hatte damals gerade eine Reihe von Veranstaltungen in Holland zugesagt, aber als er von der Krankheit seiner Frau hörte, wollte er diese Versammlungen absagen. Sie aber ermunterte ihn, hinzufahren. „Ich bin zum Sterben bereit", sagte sie, „aber viele Menschen dort drüben sind es nicht." Daraufhin machte sich Booth auf die Reise.

Bei seiner Rückkehr war seine Frau bereits sehr schwach geworden. Am 4. Oktober 1890 nahm sie der Herr zu sich.

Sie galt überall als „Mutter" der Heilsarmee. Am Tage ihrer Beisetzung waren die Straßen Londons, durch die sich der Leichenzug bewegen sollte, von dichten Menschenmengen umsäumt. Über 10 000 Menschen zogen mit der Familie zum Friedhof, um an der Beisetzung teilzunehmen.

Die letzten Jahre

Nach dem Tod seiner Frau setzte Booth sein Werk fort.

Kurze Zeit später unternahm er eine Reise nach

Amerika. Auch dort hatte sich die Arbeit mittlerweile ausgedehnt, denn viele, die durch ihn zum Glauben an Jesus gekommen waren, waren in die Vereinigten Staaten ausgewandert. An die 500 Menschen standen dort im aktiven Dienst.

Auch in vielen anderen Ländern der Welt faßte die Heilsarmee Fuß, und Gott segnete ihr Wirken, so daß sich ihr immer mehr Menschen anschlossen.

General Booth fand offizielle Anerkennung beim Präsidenten der Vereinigten Staaten, dem englischen König Edward und vielen hochgestellten Persönlichkeiten.

Im Laufe der Jahre nahm General Booths Sehkraft immer mehr ab. Man nahm einen operativen Eingriff vor, der aber mißlang. Zwei Tage nach der Operation stellte man fest, daß eine Infektion eingetreten war und Booth seine Sehkraft ganz verlieren würde. Das bedeutete, daß er von jetzt an nicht mehr in der Öffentlichkeit auftreten konnte.

Bald darauf starb der General. Der Kampf war zu Ende, sein Werk getan. 65 000 Menschen zogen an seiner Bahre vorbei. Sie wollten noch einmal einen letzten Blick auf den Mann werfen, der sein Leben denen geweiht hatte, die auf der Schattenseite des Lebens standen.